MW01709519

ANTOI[illegible]

Petite histoire de la France

De la Belle Époque à nos jours

Sixième édition

ARMAND COLIN

Collection U
Histoire

Illustration de couverture : *Mai 68 : manifestation de la CGT. Des manifestants sont montés sur le monument commémoratif des événements de 1830 (Paris), 29 mai 1968*
ph © Janine NIEPCE/RAPHO/Eyeda

Maquette de couverture : L'Agence libre

Armand Colin
21, rue du Montparnasse
75006 Paris

ISBN 978-2-200-35531-9

Avertissement

CETTE PETITE HISTOIRE de la France au XXe siècle répondait à un souci pédagogique : mettre entre les mains d'étudiants débutants, historiens, mais aussi juristes, économistes ou sociologues, un manuel élémentaire, où ils trouveraient l'essentiel de notre histoire politique et sociale, des débuts du XXe siècle à nos jours. L'accueil qu'il a reçu me laisse penser qu'il répond aussi aux besoins d'un public plus large, soucieux de dégager les grandes lignes d'une évolution dont nous savons, pour l'avoir vécue, qu'elle a été considérable, mais dont nous ne comprenons pas toujours les cheminements.

J'ai donc entrepris de mettre à jour cette petite histoire sans prétention. On n'y trouvera ni considérations méthodologiques, ni discussions idéologiques, ni jargon savant. Je me suis efforcé d'être simple, clair et concis, sans pourtant omettre aucun fait important, politique, économique ou social. Comme mon récit ne suit pas un plan strictement chronologique, des « repères chronologiques », placés au début de chaque chapitre, facilitent la recherche des faits. Quelques tableaux, et les biographies des hommes politiques les plus importants, présentent en annexe des informations qui auraient inutilement alourdi le récit.

Si brève que soit cette petite histoire, ce n'en est pas moins un livre, c'est-à-dire l'œuvre d'un auteur, avec ses points de vue, ses interprétations. J'ai conscience de proposer une vision de notre histoire qui est la mienne. Je la crois fondée parce qu'elle intègre l'ensemble des faits auxquels j'attache de l'importance. Le lecteur jugera si cette synthèse est acceptable aux lacunes qu'il y décèlera.

Antoine PROST

Chapitre 1

La France de la Belle Époque

Repères chronologiques

1881	Loi rendant l'école primaire gratuite (Jules Ferry)
1882	Loi rendant l'école primaire obligatoire et laïque (Jules Ferry)
1884	Loi autorisant les syndicats (Waldeck-Rousseau)
1892	Tarif douanier protectionniste (Méline) Loi interdisant le travail des enfants de moins de 12 ans
1895	Création de la CGT
1898	Loi sur les accidents du travail (26 mars)
1899	Ministère Waldeck-Rousseau (jusqu'en 1902)
1901	Loi sur les associations (2 juillet) Création du parti radical
1902	Victoire radicale aux élections législatives. Ministère Combes (jusqu'en 1905)
1904	Loi interdisant aux congréganistes d'enseigner (mars) Rupture des relations diplomatiques avec le Saint-Siège (30 juillet)
1905	Création du parti socialiste Incident franco-allemand (Tanger) Loi séparant les Églises de l'État (9 décembre)
1906	Acte final de la conférence d'Algésiras sur le Maroc (7 avril) Grève générale du 1er mai Loi sur le repos hebdomadaire (13 juillet) Charte d'Amiens (CGT) Ministère Clemenceau (jusqu'en 1909)
1907	Troubles viticoles du Languedoc
1908	Incidents sanglants de Draveil – Villeneuve-Saint-Georges
1910	Loi sur les retraites ouvrières et paysannes Briand brise la grève des cheminots (octobre)

1911	Caillaux règle par la négociation avec l'Allemagne l'incident d'Agadir (accord du 4 novembre)
1912	Ministère Poincaré (jusqu'à l'élection de Poincaré à la présidence de la République en 1913)
1913	Loi portant de 2 à 3 ans la durée du service militaire (19 juillet) ■

LA BELLE ÉPOQUE : entre l'Exposition internationale de 1900 et la Première Guerre mondiale. Cette période est désignée ainsi par nostalgie, après la guerre, pour souligner la prospérité et la stabilité qui la caractérisaient. Mais elle avait ses côtés d'ombre.

L'économie : retards et novations

La terre et les hommes

La France compte alors 87 départements, car l'Alsace-Lorraine est allemande depuis 1871.

Sa population se monte à 39,6 millions d'habitants (1911), dont 1,2 million d'étrangers. Le malthusianisme a beaucoup progressé, dans la paysannerie et la petite bourgeoisie, si bien que la population stagne (taux de natalité 1906-1911 : 20,2 % ; mortalité : 19,6 % ; taux net de reproduction : 95, un taux de 100 étant nécessaire pour que 100 mères soient remplacées, à la génération suivante, par 100 filles). La politique anticléricale est incompatible avec des mesures que préconise la droite en faveur de la famille et de la natalité. L'individualisme républicain, soucieux de promotion sociale, est plutôt favorable au malthusianisme. Il a peur, enfin, du peuple des faubourgs et ne voit pas l'intérêt de l'encourager à proliférer.

La prospérité économique

Elle est d'autant plus sensible que la monnaie est stable : c'est le franc de germinal, et il conserve la valeur qui lui avait été fixée en 1803. Tout au long du XIXe siècle, 1 F vaut 322 mg d'or. Dans l'ensemble, les prix sont stables, malgré une légère hausse, de 1907 à 1913.

De 1895 à 1914, une période de croissance économique fait suite à vingt années de stagnation (1873-1895). Cette croissance est entraînée par des secteurs de pointe. De 1896 à 1913, la production de caoutchouc est multipliée par 4, celle des industries chimiques par 2,7. La production d'acier augmente de 8,7 % par an (1,6 million de tonnes en 1900, 4,7 en 1913), celle d'électricité de 14,5 %, celle d'aluminium de 19,3 %. Née de la conjonction des industries mécaniques et du caoutchouc (Michelin), l'industrie automobile est en tête de la croissance, au rythme de 28,3 % par an de 1904 à la guerre. Avec 45 000 voitures produites en 1913, elle occupe alors le premier rang mondial.

Dans ces secteurs de pointe, existent dès cette époque de grandes usines (Renault occupe plus de 4 000 ouvriers à Billancourt), tandis que commence l'organisation scientifique du travail, avec le chronométrage, qui provoque des grèves chez Renault et Berliet en 1912 et 1913.

Ombres et retards

Toute l'industrie ne progresse pas au même rythme. Certains secteurs sont à la traîne : les cuirs et peaux, l'habillement, le textile, dont la production passe de l'indice 85 en 1900 à l'indice 100 seulement en 1913. Or ces secteurs emploient de nombreux ouvriers : 2 465 000 dans le textile et l'habillement, 704 000 dans le bois et l'ameublement, contre 828 000 pour l'ensemble de la sidérurgie, de la métallurgie et des constructions mécaniques.

D'autre part, l'agriculture piétine, avec des rendements faibles (13,6 quintaux à l'hectare pour le blé en moyenne, de 1901 à 1910). Or elle représente 40 % du produit physique de l'économie française en 1910.

Le protectionnisme (Méline, 1892) est donc nécessaire, non seulement pour défendre les produits agricoles français contre la concurrence des pays neufs qui provoque une baisse des prix depuis 1882-1885, mais aussi pour réserver le marché intérieur et colonial aux industries cotonnières et même métallurgiques. Malgré des exceptions brillantes, dans l'ensemble, la mentalité dominante est davantage celle du rentier que de l'entrepreneur.

L'impérialisme français

Cette mentalité, renforcée par des banques peu disposées à courir des risques, conduit les Français que la prospérité enrichit à placer leurs capitaux en fonds d'État étrangers plutôt qu'en actions de sociétés françaises ou en entreprises coloniales.

L'empire colonial est achevé. Après l'Algérie, la Tunisie (1881), le Tonkin (1885) et l'Indochine, Madagascar a été conquise (1895) et les territoires africains organisés en deux ensembles : l'Afrique occidentale française (AOF) et l'Afrique équatoriale française (AEF). Reste le Maroc, occasion de deux conflits avec l'Allemagne, le premier (Tanger, 1905) réglé en 1906 par la conférence d'Algésiras qui accorde à la France une situation privilégiée, le second, plus grave (Agadir, 1911), que le président du Conseil, Caillaux*[1], règle par une négociation directe : la France a les mains libres au Maroc en échange d'une compensation territoriale en Afrique (le Cameroun allemand est agrandi aux dépens du Congo français). Mais l'empire présente un intérêt plus politique qu'économique : il coûte plus qu'il ne rapporte, et les investissements français y sont faibles : 4 milliards de francs-or en 1914.

Avec 41 milliards, les placements à l'étranger sont dix fois plus importants. Ils progressent rapidement à cette époque (26,5 milliards, sans les colonies,

1. Tous les hommes politiques dont le nom est suivi d'un astérisque ont une notice en annexe, dans les indications biographiques.

en 1900). L'Europe orientale est la zone privilégiée d'expansion du capitalisme français (Russie, 11,3 milliards ; Autriche-Hongrie, Turquie et autres pays balkaniques, 8 milliards), suivie par l'Amérique du Sud (6 milliards).

Une société très contrastée

Les paysans

Politiquement et socialement, ils dominent par le nombre. En 1900, 60 % des Français vivent à la campagne et 40 % à la ville (définie très largement comme une agglomération d'au moins 2 000 habitants). 58 % des actifs sont des agriculteurs.

L'unité de la paysannerie est culturelle : coutumes locales (fêtes patronales, carnaval, veillées), valeurs communes (travail, épargne, conquête de l'indépendance par la propriété) et uniformité du genre de vie (alimentation, vêtement, logement) soudent des communautés villageoises où pourtant les hiérarchies sociales sont très fortes et très présentes.

Socialement, trois clivages interfèrent :

- les ouvriers (1,8 million de domestiques et 1,2 de journaliers en 1892) s'opposent aux 3,6 millions d'exploitants ;
- parmi les exploitants, ceux qui possèdent leur exploitation (2,2 millions) se distinguent des fermiers et métayers qui s'opposent aux propriétaires rentiers du sol ;
- quelle que soit leur nature juridique, les exploitations diffèrent par leur taille. Par leur nombre, les petites dominent largement (76 % des exploitations ont moins de 10 hectares, compte non tenu des exploitations de moins de un hectare et des jardins). Économiquement, les grandes exploitations sont dominantes : 44,3 % du territoire agricole est cultivé par les exploitations de plus de 40 hectares.

Les inégalités sont donc très grandes, du domestique qui mange à la table de son patron, mais couche à l'étable, pour des gages annuels de 400 à 500 francs (1913), au gros cultivateur qui exploite en faire-valoir direct une terre de 30 ou 40 hectares, et gagne plus de 10 ou 12 000 francs. Un gros fermier est souvent plus riche qu'un petit, ou même qu'un moyen propriétaire. Les plus petits (moins de 5 hectares) se nourrissent tout juste sur leur terre. Leur revenu annuel est de quelques centaines de francs. Mais ils sont indépendants et ils gardent l'espoir de s'agrandir.

Les hiérarchies villageoises diffèrent suivant les régions : autant de pays, autant de situations. P. Barral a distingué des pays de démocratie et d'autres de hiérarchies, acceptées ou non. Des cas extrêmes : le Bourbonnais, avec ses métayers soumis à des régisseurs qui les exploitent pour le compte des propriétaires ; le Maine, où les fermiers exploitent souvent de père en fils des fermes que leur loue une même famille noble, acceptée et respectée ; les grosses fermes du Bassin parisien ; les villages plus égalitaires du Pays d'Auge ou du plateau lorrain, etc.

Les ouvriers

On peut les caractériser par leur travail, par leur mode de vie ou par leur conscience de classe.

Le travail est rarement décomposé en tâches parcellaires, accomplies simultanément, dans des ateliers disposés rationnellement en fonction de l'organisation de la production. Il est encore proche de l'artisanat. D'ailleurs, les ouvriers à domicile sont encore nombreux (26,3 % en 1906), et les véritables usines (plus de 100 salariés) ne regroupent que 24,3 % des ouvriers. La petite entreprise domine, voire l'atelier.

Il y a donc deux sortes d'ouvriers : des professionnels très qualifiés, capables d'utiliser des machines polyvalentes non spécialisées, ou dont le tour de main et l'expérience sont nécessaires ; et d'autre part des manœuvres, très nombreux, car les tâches de manutention sont importantes. Leur importance explique que le travail des enfants, interdit avant 12 ans par la loi de 1892, et en recul sensible, n'ait pas totalement disparu. La législation du travail est d'ailleurs en retard sur l'étranger (loi de 10 heures : 1904 ; repos hebdomadaire : 1906), et le seul élément vraiment important en est la loi sur les accidents du travail (1898).

La condition ouvrière s'est améliorée. Les salaires annuels sont de l'ordre de 1 000-1 300 francs (1 500 francs pour les mineurs en 1912), comparables à ceux des employés et petits fonctionnaires (l'instituteur débute à 1 100 francs). Mais les familles sont plus nombreuses et comptent sur les gains des enfants, entre la sortie de l'école (13 ans ou moins, si l'on a le certificat d'études) et la majorité. Les gains des enfants représentent en 1913 20 % des ressources des familles ouvrières. L'alimentation s'enrichit : la viande et le vin apparaissent quotidiennement. Le logement est souvent défectueux (d'où la création des offices des HBM par une loi de 1912), mais donne lieu à une exploitation pesante des propriétaires.

Le grand problème est l'insécurité, liée au chômage saisonnier, présent dans tous les secteurs industriels, même la construction automobile. Dans l'ensemble, il y a environ 140 ouvriers pour 100 emplois disponibles. La maladie est une catastrophe. Les vieux sont obligés de travailler jusqu'au bout, pour des salaires qui diminuent. Leur situation dramatique inspire la loi sur les retraites ouvrières et paysannes de 1910, qui est un demi-échec.

La conscience de classe est très inégale. La grève est légale, sauf pour les fonctionnaires, depuis 1864, les syndicats depuis 1884 (loi Waldeck-Rousseau). Deux formes de regroupement de syndicats coexistent : un groupement local, les Bourses du travail, qui forment une fédération nationale en 1892, et un groupement national par métier ou par industrie, qui débouche en 1895 sur la CGT (Confédération générale du travail). Les deux organismes fusionnent en 1902.

Le syndicalisme est alors révolutionnaire. Il vise à regrouper une minorité résolue de militants et ne cherche ni à réunir de gros effectifs (355 000 adhérents en 1913), ni à construire un puissant appareil centralisé. Il compte sur la grève générale ou l'action directe des ouvriers contre leurs patrons, plutôt que sur la conquête du pouvoir politique, de l'État, par les partis ouvriers. La

Charte d'Amiens (1906) exprime cette idéologie. Mais elle s'accommode d'une pratique plus réformiste et elle n'a pas toujours prise sur la vie syndicale quotidienne, à la base.

Les bourgeois

Ils forment un monde étroit. Les négociants et les industriels sont minoritaires. On y trouve surtout des rentiers (560 000 en 1906), qui vivent sans rien faire, ou des personnes qui exercent une profession susceptible de leur donner de l'influence, de la notoriété ou de l'honorabilité, sans les priver de leur liberté, et notamment de celle d'user de leur temps à leur guise. Importance des professions libérales (20 000 médecins, 13 000 pharmaciens, 8 500 notaires, 6 500 avocats), des officiers (31 000), des magistrats et des hauts fonctionnaires.

Tous sont peu ou prou propriétaires : ils possèdent des biens, d'où ils tirent des revenus. Ils prennent assez tôt leur retraite, vers 45 ans, quand ils héritent de leurs parents. Ils deviennent alors des rentiers, d'où l'importance de cette catégorie sociale. La bourgeoisie se définit ainsi par le patrimoine : la fortune, transmise par la famille. D'où le contrôle des familles sur les mariages, et le rôle de la dot. Au décès, la fortune des bourgeois est généralement supérieure à 100 000 francs (terres, maisons, fonds d'État, obligations de chemins de fer, actions pour les plus riches), contre quelques dizaines de milliers de francs pour les commerçants et les employés, et quelques milliers pour les rares ouvriers qui laissent un héritage.

Le mode de vie distingue extérieurement la bourgeoisie. Les familles bourgeoises ont des domestiques, ou du moins une « bonne » (960 000 domestiques en 1906, soit plus que d'ouvriers métallurgistes). La cuisine est distante de la salle à manger, elle-même distincte du salon, pièce de réception au mobilier spécifique (piano, meubles de style). Les manières nécessaires pour mener une vie de relation (visites pour les femmes, cercle pour les hommes) ne s'apprennent pas au lycée : arts d'agrément pour les filles, escrime, équitation pour les garçons. Mais les humanités façonnent une culture commune : on a pu définir le bourgeois par la possession du baccalauréat. Importance des loisirs et de la culture, « fille du loisir » (Valéry).

La mobilité sociale

Il est possible de franchir certains barreaux de cette échelle sociale, non de la parcourir en une seule génération.

Les études constituent une première filière de mobilité sociale. Mais si l'on n'a pas de fortune, il est difficile de faire des études secondaires, car elles sont payantes. Les études primaires supérieures, qui se développent, conduisent aux niveaux intermédiaires : fonctionnaires moyens (instituteurs, percepteurs, receveurs des postes), ou employés supérieurs (comptables).

L'entreprise constitue une seconde filière. On peut tenter de s'élever par la boutique du commerçant ou de l'artisan. Mais, si l'on fait fortune, on n'est encore qu'un parvenu, faute d'éducation. À la génération suivante, quand la fortune sera héritée, et non plus conquise, et quand les héritiers auront reçu une bonne éducation, la famille pourra s'intégrer à la bourgeoisie.

Forces et faiblesses du régime

Les institutions

Le cadre institutionnel est défini par les trois lois constitutionnelles de 1875. Ce n'est pas à proprement parler une constitution.

Le législatif est partagé entre deux Chambres, dont la réunion forme l'Assemblée nationale. La Chambre des députés (plus de 600) est élue au suffrage universel direct. Le Sénat (300 sénateurs élus pour 9 ans) se renouvelle par tiers tous les trois ans. Il est élu par des collèges électoraux de département, où les communes rurales sont surreprésentées.

À la tête de l'exécutif, le président de la République est élu pour 7 ans par l'Assemblée nationale. Il est irresponsable, et tous ses actes doivent être contresignés par un ministre. Son principal pouvoir consiste à choisir telle ou telle personnalité politique pour la charger de former le gouvernement. Mais le gouvernement est responsable devant la Chambre des députés et le Sénat.

Entre l'exécutif et le législatif, l'équilibre a été rompu par la crise du 16 mai 1877, date à laquelle le président de la République avait renvoyé un gouvernement qui n'avait plus sa confiance. La Chambre soutenait ce gouvernement et refusa donc d'en accepter un autre. Le Président décida alors de la dissoudre, avec l'accord du Sénat, comme la constitution lui en donnait le droit. De nouvelles élections reconduisirent la majorité républicaine. Le Président s'inclina et choisit un gouvernement capable de réunir une majorité. Le droit de dissolution fut discrédité par cet épisode et il tomba en désuétude. Le fait que le gouvernement ne puisse dissoudre la Chambre laisse celui-ci désarmé. C'est un facteur d'instabilité ministérielle.

Et cependant, la Belle Époque connaît une grande stabilité ministérielle, avec les cabinets Waldeck-Rousseau (1899-1902), puis Combes* (1902-1905), et, après un intermède Rouvier, Clemenceau* (1906-1909).

La majorité

Cette stabilité s'explique par l'existence d'une solide majorité, autour de la question religieuse, qui domine la politique française au début du siècle.

L'affaire Dreyfus a suscité, en effet, une agitation nationaliste soutenue et amplifiée par la presse catholique. La République semble menacée par la réaction cléricale. Contre cette menace, Waldeck-Rousseau entreprend de contrôler les congrégations religieuses en faisant adopter la loi sur les associations du 2 juillet 1901.

Cette politique est violemment attaquée par la droite aux élections législatives de 1902, mais la gauche gagne ces élections. Waldeck-Rousseau, fatigué

– il meurt en 1904 –, conseille d'appeler Combes*, qui applique de façon sectaire la loi de 1901, refusant l'autorisation à la plupart des congrégations et les obligeant à fermer leurs maisons. Une loi de 1904 interdit aux congréganistes d'enseigner. La loi de séparation des Églises et de l'État (9 décembre 1905), votée après la chute de Combes* dans un esprit de conciliation qui doit beaucoup à son rapporteur, Briand*, ainsi qu'au leader des socialistes, Jaurès*, soucieux d'en finir avec la question religieuse pour passer à des réformes sociales, n'en est pas pour autant acceptée par l'Église catholique. Le pape, avec qui les relations diplomatiques ont été rompues en 1904, la condamne, et les catholiques sont inquiets de voir les curés perdre le traitement que l'État leur assurait, comme à des fonctionnaires. Les inventaires du mobilier des églises, auxquels la loi conduit à procéder, suscitent par endroits des protestations vives.

Dans l'ensemble pourtant, la politique anticléricale est populaire dans le pays. Dans les régions déchristianisées, on reproche aux prêtres leur vie oisive et inutile, leurs pressions politiques, leur prétention à régir la vie des familles jusque dans leur intimité par la confession. L'anticléricalisme fait la force du parti radical.

Partis et élections

La lutte anticléricale amène les radicaux à se constituer en parti (1901), en vue des élections de 1902. Auparavant, il n'y avait pas de véritable parti politique. Le besoin ne s'en faisait pas sentir.

En effet, la loi électorale était celle du scrutin d'arrondissement, scrutin uninominal majoritaire à deux tours. Le premier tour permettait à tous les candidats de tenter leur chance. Au second tour, tous les républicains se désistaient en faveur de celui d'entre eux qui était le mieux placé pour battre le conservateur : c'était la discipline républicaine. Les fondateurs du parti radical : des comités électoraux, des rédactions de journaux, des sociétés de pensée, veulent éviter que la dispersion des voix républicaines au premier tour ne mette en tête un républicain trop modéré. Le parti est créé pour éclairer les électeurs, et leur dire quel est le « bon » républicain : il distribue des investitures électorales. De fait, le parti radical domine la vie politique à la Belle Époque, avec des hommes comme Combes* ou Clemenceau*.

Le parti socialiste se constitue en 1905, l'Internationale ayant demandé en 1904 (congrès d'Amsterdam) aux deux partis dirigés respectivement par Guesde et par Jaurès* de fusionner (d'où le sigle SFIO : section française de l'internationale ouvrière). Les objectifs du parti socialiste unifié diffèrent de ceux du parti radical. Il veut organiser politiquement la classe ouvrière. C'est un parti de masse (90 000 adhérents en 1913), et non une simple machine électorale. Mais l'union le renforce électoralement : il passe de 52 députés en 1906 à 75 en 1910 et 103 en 1914.

Les socialistes dénoncent dans l'anticléricalisme un alibi qui dispense la bourgeoisie de traiter la question sociale. Après la grève du 1er mai 1906 pour réclamer la journée de 8 heures, Clemenceau* réprime durement et habilement l'agitation ouvrière (grèves des postiers en 1907, incidents sanglants à Draveil et Villeneuve-Saint-Georges, à l'occasion de la grève du bâtiment en 1908), comme celle des viticulteurs du Languedoc, touchés par l'effondrement des cours et la mévente du vin (1907). Briand*, qui lui succède, brise une grève des cheminots (octobre 1910) en les mobilisant.

Ces problèmes ne sont pourtant guère discutés dans la campagne électorale de 1910, où les candidats, radicaux comme conservateurs, font jouer des réseaux locaux. D'où la campagne d'opinion en faveur de la RP, la représentation proportionnelle, qui obligerait l'électorat à se prononcer sur des programmes, et non sur des personnes. On dénonce dans l'arrondissement des « mares stagnantes », ou encore un « miroir brisé ».

De fait, une certaine instabilité ministérielle se manifeste. Elle bénéficie aux conservateurs, que certains radicaux rejoignent par patriotisme en une période de tension internationale accrue. Après la chute de Caillaux*, jugé trop conciliant envers l'Allemagne, Poincaré* devient président du Conseil (1912-1913) puis de la République. La durée du service militaire, réduite à 2 ans depuis 1905, est ramenée à 3 ans (1913).

Cette mesure impopulaire contribue à la victoire des socialistes et des radicaux aux élections de 1914.

Conclusion : le consensus républicain

L'achèvement de l'unité nationale

L'unification du territoire se termine à cette époque, avec l'achèvement du réseau ferré (40 600 km en 1911, plus 9 600 km de chemins de fer d'intérêt local) et du réseau routier (53 000 km de routes nationales et départementales, plus 540 000 km de chemins vicinaux). Le service militaire, obligatoire depuis 1872 et surtout depuis 1889, brasse ruraux et citadins. L'analphabétisme recule (moins de 4 % de conscrits illettrés, à partir de 1908), avec la généralisation de l'instruction primaire, que Jules Ferry a rendu gratuite par la loi de 1881, obligatoire de 6 à 13 ans et laïque par la loi de 1882. L'école primaire fait coexister désormais le français avec les langues locales, et le système métrique avec les mesures ancestrales.

L'évidence du progrès

La croissance économique provoque une amélioration des conditions de vie : progrès de l'hygiène, de la santé, de l'instruction. Les campagnes se sont enrichies : on y construit des fermes neuves.

Tous ces progrès matériels, ces extraordinaires inventions que montre l'Exposition universelle de 1900, entraînent une confiance dans la science, au moment même où renaît un certain spiritualisme (Bergson) dans les élites cultivées. Les Français de la Belle Époque ont le sentiment d'avoir réalisé d'immenses progrès. La République en est renforcée : c'est le régime qui en a le mérite.

Le patriotisme

Malgré des dissidences tapageuses, comme l'Action Française monarchiste de Maurras, qui critique l'impuissance du parlementarisme, le régime est très solide. Il est cimenté par un patriotisme que l'école primaire comme le catéchisme s'efforcent de développer.

On le voit avec la mobilisation générale du 2 août 1914. Le syndicalisme ouvrier se prétendait internationaliste. Il était antimilitariste, et la CGT avait adopté avec enthousiasme, dans ses congrès, des textes lui prescrivant de répondre à la mobilisation par un ordre de grève générale. Cet antimilitarisme superficiel s'effondre en 1914. Sur la tombe de Jaurès*, assassiné, Jouhaux*, secrétaire général de la CGT, affirme : « Nous serons les soldats du droit et de la liberté. » Les ouvriers partent comme les paysans faire la guerre au militarisme des Allemands et de leur Empereur.

La guerre révèle ainsi la profondeur d'un consensus républicain et patriotique : une même effigie féminine symbolise à la fois la France et la République.

Chapitre 2

La Première Guerre mondiale et l'évolution politique et sociale de 1914 à 1930

Repères chronologiques

1891	Alliance franco-russe
1898	Fachoda. La France accepte la domination anglaise sur la Haute-Égypte
1903	Voyage à Paris du roi d'Angleterre Édouard VII
1904	Entente cordiale : accord entre la France et l'Angleterre
1908	Annexion de la Bosnie-Herzégovine par l'Autriche
1914	Assassinat de l'archiduc d'Autriche à Sarajévo (28 juin) Mobilisation générale (2 août) Bataille de la Marne (6-13 septembre)
1915	Entrée en guerre de l'Italie (mai)
1916	Attaque allemande contre Verdun (21 février)
1917	Abdication du tsar et gouvernement Kerenski (mars) Entrée en guerre des États-Unis (2 avril) Vaine et sanglante attaque française au Chemin des Dames (16 avril) Révolution d'octobre en Russie, et prise du pouvoir par les bolcheviks (novembre) Clemenceau président du Conseil (novembre)
1918	Percée allemande sur la Somme (mars), puis sur le Chemin des Dames (mai) Échec de l'offensive allemande en Champagne (juillet) Armistice (11 novembre)

1919	Traité de paix, signé à Versailles (28 juin) Élections législatives (14 novembre), victoire du Bloc national et débuts de la Chambre « bleu-horizon »
1920	Grève générale des cheminots (mai) Congrès du parti socialiste à Tours et naissance du parti communiste (décembre)
1922	Conférence de Cannes. Démission de Briand, remplacé par Poincaré à la présidence du Conseil (janvier)
1923	Occupation de la Ruhr par les troupes françaises (janvier)
1924	Victoire du Cartel (radicaux et socialistes) aux élections législatives du 11 mai. Ministère Herriot Plan Dawes
1925	Chute du cabinet Herriot Conférence et traité de Locarno (16 octobre)
1926	Retour de Poincaré à la présidence du Conseil, en pleine crise du franc (juillet) Condamnation de l'Action Française par le pape
1928	Stabilisation du franc par Poincaré (25 juin) Pacte Briand-Kellogg (27 août)
1929	Démission de Poincaré Plan Young
1930	Création des assurances sociales Tardieu évacue tous les territoires encore occupés par la France en Allemagne
1932	Loi contraignant toutes les entreprises à entrer dans les systèmes d'allocations familiales (11 mars)
1938	Émancipation juridique de la femme mariée ■

La guerre de 1914 marque la fin du XIXe siècle et l'entrée dans le XXe siècle pour trois raisons : elle met fin à l'hégémonie européenne dans le monde, désormais dominé par la puissance américaine et la révolution soviétique ; elle ouvre la voie à une société d'inflation qui contraste avec la société stable du XIXe ; elle pose enfin à la France des problèmes politiques nouveaux, qui relèguent au second plan ceux du début du siècle.

La Première Guerre mondiale

La situation internationale

Elle a été longtemps dominée par le système de Bismarck : traité des trois empereurs (Allemagne, Russie, Autriche-Hongrie) en 1881 et Triple-Alliance (Allemagne, Autriche, Italie) en 1882. Mais Bismarck doit démissionner en 1890, car l'empereur Guillaume II n'accepte pas de renouveler ses engagements envers la Russie, alors qu'il soutient au même moment l'Angleterre et l'Italie, non seulement contre les prétentions coloniales de la France (Égypte, Afrique du Nord), mais aussi contre la politique balkanique du tsar.

Ce choix permet à la France de s'allier à la Russie en 1891 (convention militaire secrète en 1893). Après la crise de Fachoda (1898), avec l'arrivée de Delcassé aux Affaires étrangères – qu'il quittera en 1905 seulement – la politique française renonce à toute influence dans la vallée du Nil et renoue avec l'Angleterre. Le voyage du roi Édouard VII à Paris (1903) et un accord en 1904 attestent l'entente cordiale établie entre la France et l'Angleterre. En 1907, un accord entre l'Angleterre et la Russie achève de nouer le bloc des futurs alliés, France, Russie, Angleterre : c'est la Triple-Entente.

Le déclenchement de la guerre

Les problèmes balkaniques sont au cœur de la crise qui conduit à la guerre.

Le déclin de la Turquie incite ses voisins à dépecer son territoire. Les Russes cherchent à contrôler les détroits qui ferment la mer Noire, et à constituer des États vassaux, hostiles à l'Autriche. Celle-ci est aux prises avec les nationalités qui revendiquent leur autonomie au sein de l'empire et en menacent l'unité. Elle craint l'existence de nations indépendantes dans les Balkans, car ce serait un encouragement aux nationalités de l'empire.

Or, justement, sous l'impulsion du roi Pierre Ier, très proche de la France, la Serbie fait preuve de dynamisme et d'indépendance. Pour la contenir, l'Autriche a annexé en 1908 la Bosnie-Herzégovine. Impuissants, les Serbes ont dû laisser faire. L'assassinat d'un archiduc d'Autriche à Sarajevo par des terroristes serbes (28 juin 1914) fournit aux Autrichiens l'occasion d'écraser la Serbie ; ils lui adressent un ultimatum inacceptable. L'Allemagne, qui s'estime encerclée et menacée, l'encourage car elle pense le rapport des forces favorable. La Russie soutient la Serbie. L'Angleterre propose sa médiation que l'Autriche et l'Allemagne refusent. Mobilisation de la Russie, assurée du soutien de la France. Mobilisation et déclaration de guerre allemande.

L'Autriche et l'Allemagne ne sont pas seules responsables. L'Angleterre n'a pas dit assez tôt et assez clairement qu'elle ne resterait pas neutre. La Russie ne pouvait laisser l'Autriche humilier la Serbie sans ruiner sa propre influence dans les Balkans, mais elle a aussi cherché une revanche de son échec de 1905 contre les Japonais. Quant à la France, ses heurts avec l'Allemagne à propos du Maroc (Tanger, 1905, puis Agadir, 1911) ont développé un certain nationalisme. Le président de la République depuis 1913, Poincaré, n'est pas mécontent de saisir cette occasion de revanche. Aucun des dirigeants européens n'imaginait alors que la guerre serait longue et ferait des millions de morts.

Les opérations jusqu'en 1917

Des deux côtés, en effet, on était convaincu qu'elle serait courte.

À long terme, la balance des forces était favorable aux alliés : une population plus nombreuse (238 millions, sans les colonies, contre 120), des armées plus étoffées (170 divisions d'infanterie contre 150), une incontestable supériorité maritime. Mais les empires centraux avaient un meilleur armement (artillerie lourde allemande notamment), et leur position leur permettait de faire passer leurs troupes d'un front à l'autre.

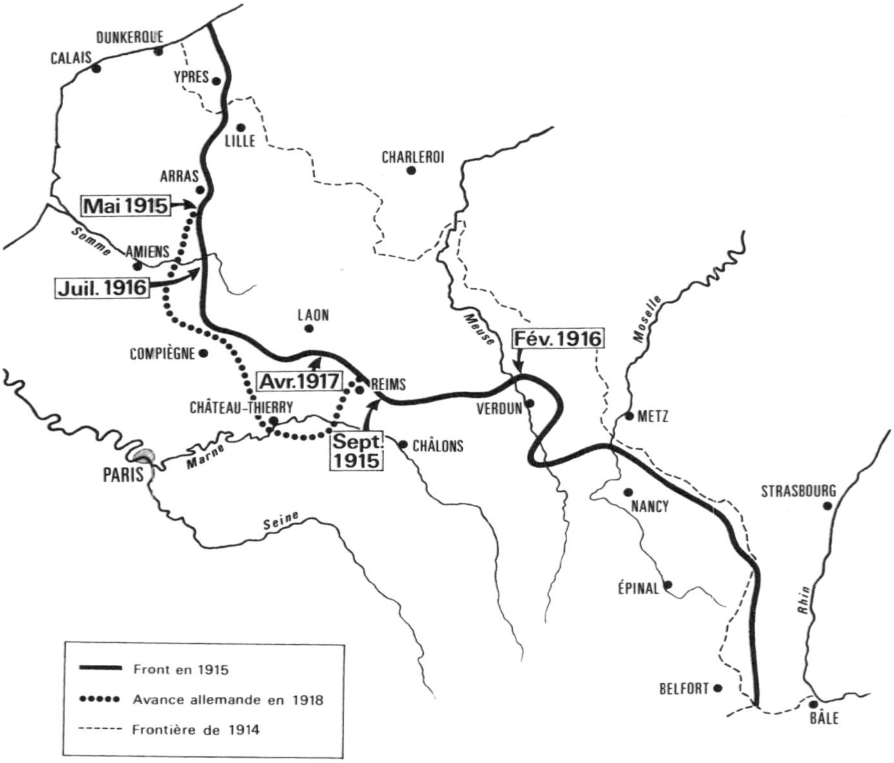

Les opérations militaires de 1914 à 1918

L'Allemagne commence par envahir la Belgique, qui se croyait protégée par sa neutralité, ce qui décide l'Angleterre à entrer en guerre. Les alliés opèrent une retraite profonde, à partir de Charleroi. Mais les Allemands, au lieu de poursuivre sur Paris, se rabattent vers l'Est, pour tenter d'encercler le gros des forces françaises. Le général Joffre, commandant en chef, contre-attaque alors sur le flanc droit des colonnes allemandes et les fait reculer. C'est la victoire de la Marne (6-13 septembre 1914).

Les deux armées tentent alors de se déborder par l'Ouest. C'est la course à la mer, marquée par les batailles de l'Yser et d'Ypres. Mais la guerre de mouvement s'arrête bientôt. En novembre, les deux armées s'enterrent et commencent une guerre de position qui constitue une nouveauté : le front continu, les tranchées, les boyaux, les réseaux de barbelés sont le cadre où se déroule une vie quotidienne primitive, marquée par le froid, l'humidité, la boue, les rats, les poux, la soif, et qui transforme les soldats en « poilus ». On se bat rarement, mais on meurt beaucoup, sous les bombardements, plus encore que lors des attaques, sous le tir des mitrailleuses intactes malgré la préparation d'artillerie. Angoisse et peur des soldats impuissants, soumis au martèlement aveugle et inexorable des canons adverses.

Les états-majors poursuivent le rêve d'une percée, impossible car les assauts se brisent sur des secondes lignes intactes. Tentatives françaises en 1915, en Artois d'abord (mai), puis en Champagne (septembre), cependant qu'à l'Est les Russes battent en retraite jusqu'à la Bérésina. Tentative allemande en 1916 contre Verdun, à partir du 21 février, avec un point culminant en juin. L'offensive franco-britannique sur la Somme, le 1er juillet, desserre la pression. Pétain*, qui commande à Verdun, donne à sa résistance une valeur symbolique en organisant une « noria » qui conduit les trois quarts des unités à tour de rôle sur ce champ de bataille.

Les nouvelles conditions du conflit et la fin de la guerre

Techniquement, la guerre évolue : aviation de reconnaissance, transports automobiles (approvisionnement de Verdun par la « voie sacrée »), chars d'assaut, progressivement mis au point : trop lourds en 1917, ce sont en 1918 des Renault de 5 tonnes qui soutiennent l'infanterie et lui donnent confiance au moment des offensives décisives. Les Allemands ont employé les gaz dès 1915, et leurs sous-marins engagent à partir de 1917 une guerre totale contre les navires, même neutres, qui ravitaillent les alliés.

Cette initiative provoque l'entrée en guerre des États-Unis (2 avril 1917), mais, comme ils n'ont pas de service militaire obligatoire, leur soutien ne sera effectif qu'un an plus tard. Les Italiens ont rejoint les alliés en avril 1915, ouvrant un nouveau front, mais ils y subissent en octobre 1917 la grave défaire de Caporetto. En Russie, c'est la révolution, en deux étapes : abdication du tsar Nicolas II en mars 1917, puis, en octobre du calendrier orthodoxe, en fait les 6-7 novembre, renversement du gouvernement Kerenski et prise du pouvoir par les bolcheviks (Lénine). L'armée russe s'effondre, et les bolcheviks concluent bientôt une paix séparée avec les Allemands (Brest-Litovsk, mars 1918), qui peuvent ramener toutes leurs troupes sur le front de l'Ouest.

En France, Nivelle a remplacé Joffre, et il a lancé sur le Chemin des Dames, le 16 avril 1917, une offensive que tout le monde croyait décisive. Mais ce fut un échec cinglant. D'où une crise du moral, et des mutineries de troupes épuisées, décimées dans des attaques répétées parfaitement inutiles, tandis que la hausse des prix entraînait des grèves à l'arrière.

Nivelle avait été remplacé par Pétain (15 mai 1917), qui avait réprimé les mutineries avec une relative modération (moins de 50 exécutions) et veillé aux permissions, aux cantonnements, à l'ordinaire. Surtout, il avait mis fin aux offensives inutiles. Assurés que, désormais, on ne les ferait plus tuer pour rien, les soldats reprennent confiance. Pétain, qui n'a pas beaucoup de réserves, attend les Américains. Au gouvernement, Poincaré* appelle Clemenceau*, dont tout le programme tient en ces mots : « Je fais la guerre » (novembre).

Les Allemands (Hindenburg et Ludendorff) veulent forcer la décision avant l'arrivée massive des renforts américains. Le 21 mars 1918, ils percent, sur la

Somme, à la jonction des armées anglaise et française. Devant le péril, Foch reçoit le commandement en chef des unes et des autres et rétablit le front. Le 27 mai, les Allemands percent de nouveau, au Chemin des Dames, et ils atteignent bientôt Château-Thierry. Dernière offensive en Champagne, le 15 juillet. Les Allemands franchissent la Marne, mais le 18 juillet commence la contre-offensive.

Mais les Américains sont arrivés. Plus d'un million combattent alors en France sous les ordres de Pershing. La balance n'est plus égale. Succès des offensives alliées (8 août et 26 septembre). Sous la pression des nationalités, l'Empire austro-hongrois se désagrège. L'Allemagne adopte un régime parlementaire et Guillaume II abdique (9 novembre). L'armistice intervient le 11 novembre, à 11 heures du matin : les alliés n'ont pas voulu faire tuer un soldat de plus pour envahir l'Allemagne. Les troupes allemandes rentrent chez elles en bon ordre, applaudies par une population à qui les généraux font croire qu'ils n'ont pas été battus, mais trahis par les politiciens : c'est la légende du coup de poignard dans le dos.

Les nouvelles conditions de la vie politique

L'extension du rôle de l'État

La guerre a fait intervenir l'État dans l'économie : usines d'armement (avec le socialiste Albert Thomas au ministère), comité de coordination des réseaux de chemins de fer, ministère du ravitaillement. Le ministre de l'Intérieur, Malvy, est intervenu dans les conflits salariaux et a fixé autoritairement les salaires. Le secrétaire général de la CGT, Léon Jouhaux*, est devenu commissaire du gouvernement. D'autre part, l'État a dû accorder des indemnités journalières aux familles dont le chef était mobilisé. Il doit sans cesse intervenir au secours des réfugiés, des victimes civiles ou militaires de la guerre.

Cette extension du rôle de l'État ouvre la voie à de nouveaux débats. La politique peut avoir pour enjeu des questions de natalité, d'assurances, de logement, de reconstruction, etc. Les problèmes deviennent plus techniques, et moins idéologiques.

Le projet syndical en est affecté. Hostile à tout État avant la guerre, la CGT voit maintenant en lui un partenaire possible, dans un dialogue à trois : patronat, syndicats, État. Elle réclame la création d'un Conseil économique, que la gauche réalisera imparfaitement en 1925. Alors qu'elle était hostile à toute nationalisation, elle en admet le principe, et elle inscrit dans son plan de 1919 la revendication immédiate d'une « nationalisation industrialisée » des chemins de fer.

Crise sociale et crise du socialisme (1919-1920)

Comme l'Allemagne et le Royaume-Uni, la France traverse en 1919-1920 une crise sociale d'une ampleur sans précédent. En pleine reconversion d'une économie de guerre à une économie de paix, la démobilisation jette sur le marché du travail des millions d'hommes amers – ils se désignent eux-mêmes comme les PCDF, « pauvres couillons du front ». D'autre part, la révolution russe suscite un immense espoir et fournit un exemple.

Le gouvernement lâche du lest (primes de démobilisation, loi du 23 avril instituant la journée de 8 heures), tout en réprimant l'agitation (quadrillage de Paris par la troupe, lors de la grève du 1er mai 1919 : 2 morts). Les ouvriers, qui ne craignent plus d'être expédiés au front, entreprennent des grèves très dures et proprement révolutionnaires, notamment dans la métallurgie parisienne (juin 1919), puis dans les chemins de fer.

Cette agitation fait peur. Exploitée par une habile propagande (l'homme au couteau entre les dents), elle explique la victoire du Bloc national aux élections de novembre 1919, victoire amplifiée par le nouveau mode de scrutin (proportionnelle avec prime à la majorité). La droite compte 433 élus, la gauche 180 seulement, parmi lesquels 68 socialistes. C'est la Chambre « bleu-horizon », de la couleur des uniformes, car on avait pris de nombreux démobilisés pour figurer avantageusement sur les listes électorales.

L'échec électoral aggrave les dissensions internes du parti socialiste. Jusqu'au gouvernement Clemenceau, ses dirigeants avaient participé à l'Union sacrée. Guesde, Sembat, A. Thomas avaient été ministres. La minorité du parti dénonçait cette participation à la guerre impérialiste. Elle voulait que le parti français suive l'exemple des bolcheviks et l'affirme en adhérant à la nouvelle Internationale fondée par Moscou.

Mais cette adhésion supposait l'acceptation des 21 conditions édictées par l'Internationale communiste : subordination de la presse et des syndicats au parti, subordination des échelons inférieurs aux échelons centraux, soumission totale aux décisions de l'Internationale communiste, mise en place d'une organisation clandestine. Au congrès de Tours (décembre 1920), la majorité des socialistes se prononce cependant pour l'adhésion à l'Internationale communiste par solidarité sentimentale avec la révolution soviétique. Le parti communiste est né. L'ancienne majorité, autour de L. Blum*, refuse de rompre avec la tradition libérale et démocratique du socialisme français et poursuit le parti socialiste SFIO.

Cette division affaiblit le mouvement socialiste. Les militants et le journal du parti, *L'Humanité,* restent au parti communiste. Mais les députés vont au parti socialiste, qui doit reconstituer son organisation militante. Le PC s'organise suivant les principes du centralisme démocratique, sur la base de cellules d'entreprise, éliminant progressivement les libéraux petits-bourgeois qui en avaient pris d'abord la direction. Il pratique aux élections de 1928 et 1932 la tactique « classe contre classe » et refuse de désister au second tour ses candidats en faveur des socialistes. En 1932, avec 12 députés, il ne compte pratiquement pas sur l'échiquier politique, mais sa surenchère interdit aux socialistes de se compromettre avec des politiciens bourgeois.

Cette division se répercute au plan syndical. La tendance révolutionnaire entraîne les cheminots, en mai 1920, dans une grève qui devient générale. Mais elle échoue, car le gouvernement et les compagnies ont préparé leur résistance de longue date. En 1921, la CGT éclate. Les partisans de l'Internationale communiste, ici minoritaires, fondent la CGTU (Confédération générale du travail unitaire). Avec L. Jouhaux*, la majorité poursuit dans la vieille CGT une action réformiste.

Ici comme là, on est bien loin de la charte d'Amiens. La CGTU, bientôt dominée par les communistes, place le syndicalisme sous la dépendance du parti. La CGT, de son côté, sollicite l'intervention de l'État arbitre pour réaliser des réformes. Les conventions collectives, instituées par une loi de 1920, disparaissent bien vite, mais la loi de 1928, modifiée en 1930, fonde les assurances sociales et donne aux travailleurs des garanties en cas de maladie. Bilan plutôt mince. Les effectifs syndicaux reculent, et le calme règne dans les usines.

L'apaisement des luttes religieuses

La camaraderie des tranchées a rapproché laïques et cléricaux, montré aux uns et aux autres leur mutuelle sincérité. Instituteurs et curés se rencontrent et s'estiment. Devant tant de morts, les querelles du combisme semblent dérisoires.

Le Bloc national, au pouvoir après les élections de 1919, profite de cet esprit nouveau, d'autant qu'à cette époque les catholiques ne remettent pas en question les lois laïques. L'ambassade auprès du Vatican est rétablie, et une négociation permet de donner un statut juridique à l'Église en France, grâce à des associations cultuelles diocésaines, et non plus communales, comme l'avait prévu la loi de séparation. Par l'encyclique *Maximam gravissimamque* (1924), le pape accepte ce compromis.

Les élections de 1924 conduisent au pouvoir le Cartel, alliance électorale des radicaux et des socialistes, mais ceux-ci n'entrent pas au gouvernement que forme Édouard Herriot*. Ils pratiquent la politique du soutien sans participation. Le Cartel reproche à Millerand, président de la République depuis 1920, d'avoir pris parti pour le Bloc national dans la campagne électorale, et il l'oblige à démissionner. Il rétablit le scrutin d'arrondissement. Il tente d'autre part d'appliquer les lois laïques à l'Alsace-Lorraine, où le concordat est toujours en vigueur, et de faire respecter les lois sur les congrégations. En effet, les congréganistes revenus en France à la mobilisation y étaient restés et avaient reconstitué leurs maisons. Un vaste mouvement de défense religieuse (Fédération nationale catholique du général de Castelnau) oblige le Cartel à abandonner ces projets. L'anticléricalisme mobilise moins une opinion qui ne veut pas voir ranimer les vieilles querelles.

L'évolution du catholicisme consolide cet apaisement. En 1926, le Vatican condamne sévèrement l'Action Française et son « politique d'abord » : ceux qui continuent à lire le journal de Maurras sont excommuniés. Des mouvements de jeunesse se fondent entre 1927 et 1930 : JAC, JOC, JEC. Ils entreprennent de rechristianiser les divers milieux en agissant sur leurs structures.

Cette pacification religieuse, ajoutée aux divisions de la gauche ouvrière, explique que les années 1920-1930 ne soient dominées ni par la question religieuse, ni par la question ouvrière, mais, au contraire, par deux grands problèmes directement issus de la guerre : les relations avec l'Allemagne et les questions financières.

La France face à l'Allemagne de 1919 à 1930

La paix : le traité de Versailles (28 juin 1919)

Le traité a été élaboré par les alliés, et surtout par le comité des quatre principaux d'entre eux : Lloyd George (Grande-Bretagne), Orlando (Italie), Wilson (États-Unis) et Clemenceau. Il n'a pas été négocié avec l'Allemagne, il lui a été imposé.

Les principes du traité sont les 14 points du président Wilson, exposés par celui-ci en janvier 1918, sans concertation préalable. C'est une paix généreuse, sans annexion territoriale. Du coup, l'Italie n'obtient pas les territoires qui lui avaient été promis par traité secret avant son entrée en guerre. L'Alsace-Lorraine revient à la France, mais celle-ci n'obtient pas la Sarre, qu'elle revendiquait pour l'avoir incluse dans ses frontières de 1814 : après 15 ans, un plébiscite décidera du rattachement de la Sarre à la France ou à l'Allemagne. En attendant, elle est placée sous administration internationale.

En application du même principe des nationalités (droit des peuples à disposer d'eux-mêmes), de nouveaux États apparaissent : Yougoslavie, Tchécoslovaquie, Pologne. Mais leurs frontières sont difficiles à définir de façon incontestable, car les diverses nationalités sont souvent étroitement imbriquées.

La France formule deux exigences difficiles à satisfaire :

1. La sécurité. Elle demande des garanties contre une nouvelle agression allemande. La meilleure serait un glacis territorial qui porterait sa frontière naturelle jusqu'au Rhin. Mais il n'est pas question d'annexer la rive gauche du Rhin, ni même de démanteler l'Allemagne pour créer un État rhénan. La sécurité sera donc assurée par :

- des clauses militaires : l'Allemagne est désarmée, son armée limitée à 100 000 hommes (officiers compris), sans service obligatoire, sans aviation ni artillerie lourde et sous le contrôle de commissions alliées. La rive gauche du Rhin est démilitarisée (interdiction aux Allemands d'y faire pénétrer des troupes). Les alliés occupent trois zones, pour respectivement 15, 10 et 5 ans ;
- des clauses diplomatiques : l'Angleterre et les États-Unis garantissent la France contre toute agression allemande ;

2. Les réparations. La guerre s'est déroulée, pour l'essentiel, sur le territoire français. La France demande réparation des destructions. Le difficile est de les chiffrer. On en charge une commission, qui rendra son rapport en 1921 : 400 milliards de marks-or, dont 140 pour la France, ce qui est énorme. En attendant, on inscrit dans le traité (article 231) le principe des réparations, qu'on justifie en affirmant la responsabilité allemande : «... L'Allemagne reconnaît que l'Allemagne et ses alliés sont responsables, pour les avoir causés, de toutes les pertes et de tous les dommages subis par les gouvernements alliés et associés et leurs nationaux... » Les Allemands n'accepteront jamais ce « Diktat ».

Enfin, le traité prévoit l'organisation d'une Société des Nations (SDN), chargée de régler les conflits entre États par la conciliation et la solidarité contre l'agresseur.

La politique d'exécution des traités

À peine signés, les traités deviennent caducs. En effet, les États-Unis refusent de les ratifier, retirant ainsi leur garantie à la France. Du coup, l'Angleterre retire aussi la sienne. La France a renoncé à la rive gauche du Rhin pour ne pas rompre une solidarité qui s'évanouit et en échange d'une garantie diplomatique qui disparaît. Quant à la SDN où ne siègent ni États-Unis, ni Russie, ni Allemagne, elle perd beaucoup de son intérêt.

Abandonnée ainsi par ses alliés, qui se méfient de la voir trop forte, la France a le choix entre deux politiques : la fermeté ou la conciliation. Ou bien elle impose aux Allemands la stricte exécution du traité, ou bien elle cherche une entente avec eux.

La seconde politique est celle de Briand*, qui accepterait des arrangements en matière de réparations, en contrepartie d'une garantie anglaise du traité. Mais cette politique, esquissée à la conférence de Cannes (janvier 1922), heurte l'opinion publique et les parlementaires, comme le président de la République, Millerand, qui a succédé à Poincaré* après un bref intermède Deschanel. Briand démissionne donc.

Poincaré, qui lui succède à la présidence du Conseil (1922-1924), se heurte à la mauvaise volonté d'une Allemagne aux prises avec une effroyable inflation. Il recourt à la fermeté et, en janvier 1923, sans l'accord des alliés, il saisit un gage : les troupes françaises occupent la Ruhr. Les Allemands, cheminots, mineurs, industriels ou fonctionnaires, leur opposent une résistance passive. En septembre 1923 seulement, l'Allemagne cède, et un nouveau chancelier, Stresemann, négocie.

L'opinion française, qui avait approuvé l'occupation de la Ruhr, commence à se demander si la politique de fermeté mène quelque part. Pour les élections de 1924, le Cartel fait campagne, sur la nécessité d'une autre politique internationale : on ne peut rien bâtir de durable sur la force, et la France ne peut demeurer isolée. Elle doit se consacrer au renforcement de la SDN. Le Cartel gagne les élections, et, signe de l'importance qu'il attache à ces questions, son leader, Édouard Herriot*, président du parti radical, qui forme le gouvernement, prend le portefeuille des Affaires étrangères.

Le rapprochement franco-allemand

Herriot* accepte d'abord un plan de règlement des réparations dit plan Dawes, du nom du président du comité d'experts interallié qui l'a élaboré. Ce plan limite les versements allemands et prévoit des versements en nature. Herriot joue ensuite la carte de la SDN et il fait approuver le « protocole » de Genève : « arbitrage, sécurité, désarmement », qui fixe les étapes de l'organisation internationale de la paix.

Après la chute d'Herriot, sa politique est poursuivie, dans divers cabinets, par Aristide Briand. Conciliateur habile – il l'avait montré comme rapporteur de la loi de séparation en 1905 –, cet ancien socialiste révolutionnaire qui avait brisé la grève des cheminots en 1910 se consacra totalement à l'organisation de la paix, par conviction, car il jugeait la guerre horrible et stérile, mais aussi par réalisme (« je fais la politique de notre natalité »). La droite le poursuivit d'une haine tenace.

La conférence de Locarno (Allemagne, Italie, France, Angleterre) aboutit, le 16 octobre 1925, à un accord garantissant les frontières occidentales de l'Allemagne et celles de la Belgique et de la France, qui retrouvait ainsi la garantie internationale prévue par le traité de Versailles. Mais l'important était que l'Allemagne signe librement cet accord. Cela signifiait son retour dans la collectivité des nations, et elle est d'ailleurs admise à la SDN en septembre 1926.

Les Américains et les Anglais imposent la révision du plan Dawes, qu'ils jugent trop dur pour l'Allemagne. Le plan Young, qui lui succède en 1929, réduit considérablement les réparations dues par les Allemands. La France ne réussit pas à lier sa propre dette envers les États-Unis aux réparations, ni à en diminuer le montant. Le contentieux des réparations étant liquidé, la France évacue la Rhénanie en 1930, plus de quatre ans avant le terme fixé par le traité.

Simultanément, l'esprit de Genève progresse. Le pacte Briand-Kellogg, signé à Paris par près de 60 nations (27 août 1928), met la guerre hors la loi. La SDN se renforce et s'attelle au problème du désarmement.

Dans cette évolution, le désir de fonder la paix sur l'organisation internationale rencontre des préoccupations plus matérielles. La pression anglo-américaine sur la France aurait été moins sensible, si le franc avait été plus solide, et si la France n'avait eu besoin d'aide financière. Questions internationales et questions financières sont étroitement mêlées.

Les conséquences matérielles de la guerre et la politique financière

Le bilan démographique et la politique familiale

Les pertes de la guerre sont terribles. 1 400 000 soldats sont morts. La surmortalité civile est de 250 000 environ. Malgré les permissions, la crainte de mourir à la guerre a fait éviter de procréer : les naissances sont très peu nombreuses, inférieures de 1,4 million à ce qu'elles auraient été normalement. Au total, la population a diminué de 3 millions. Le retour des départements alsaciens-lorrains ne suffit pas à compenser ces pertes. Au recensement de 1921, avec 1,5 million d'étrangers contre 1,16 en 1911, la population française est de 39,2 millions d'habitants, contre 39,6 en 1911.

Idéologiquement favorable à la famille, la Chambre bleu-horizon trouve dans cette situation une occasion d'agir : réductions sur les chemins de fer aux familles nombreuses, répression de la propagande contraceptive et de l'avortement (1920), création de la fête des mères. Mais le développement des allocations familiales repose sur l'initiative des employeurs. Il faut attendre 1932 pour que la loi les oblige à cotiser pour leurs salariés à une caisse d'allocations familiales.

L'émancipation des femmes a-t-elle progressé ? Pendant la guerre, la mobilisation de 8 millions d'hommes pendant 52 mois a obligé les femmes à les remplacer comme chefs de famille, mais aussi à la production, dans les usines et les bureaux. Le retour à la paix est aussi un retour en arrière, mais certains acquis demeurent. Un fonctionnaire démobilisé peut se trouver sous les ordres d'une femme. Les agrégées féminines enseignent dans les lycées de garçons. Les salaires s'égalisent dans la fonction publique. Les mœurs évoluent. Le costume change : jupes courtes, cheveux coupés. Les boutiques de coiffure pour dames apparaissent. Les femmes sont moins dépendantes, mais la publication de *La Garçonne* soulève un énorme scandale (1922).

L'évolution des mœurs n'a pas de traduction juridique. La Chambre vote, en 1919, le vote des femmes, mais le Sénat s'y oppose, par crainte des influences cléricales. La loi de 1938 accorde la capacité juridique aux femmes mariées que le code civil traitait comme des mineures, incapables d'agir sans l'autorisation de leur mari. Mais elle réaffirme que celui-ci est le chef du ménage.

Le bilan matériel et les problèmes financiers

Les destructions de la guerre sont graves : mines du Nord inondées, usines anéanties, champs labourés d'obus, villes en ruines. 222 000 maisons sont complètement détruites, 62 000 km de routes à refaire, 2 millions d'hectares de terres sont inutilisables. A. Sauvy chiffre à 28 milliards-or l'ampleur des destructions.

D'autre part, la France a perdu ses créances et elle s'est endettée. Les emprunts russes ou autrichiens ne valent plus rien. Pour financer la guerre, on a emprunté à l'étranger, et notamment aux États-Unis. Au total, la France était, en 1913, créancière sur l'étranger de 45 milliards. En 1919, elle est débitrice de 35 milliards.

Les pertes et l'endettement réunis représentent onze années d'investissement, ou 15 mois de PNB. D'où l'importance, pour la France, du problème des réparations et de celui des dettes interalliées.

Cette situation pèse sur les finances publiques, obligées de réparer les dommages causés aux particuliers (réparation des dommages de guerre, pensions aux invalides, plus d'un million, aux 600 000 veuves et aux orphelins). Or le gouvernement a financé la guerre par l'emprunt (bons du Trésor, notamment bons à court terme), et non par l'impôt. Dans ces conditions, l'équilibre budgétaire est difficile à réaliser, et la confiance très limitée. Si les détenteurs de bons du trésor en demandent le remboursement à l'échéance, au lieu de les renouveler, l'État ne pourra pas les payer tous. D'où une mauvaise situation sur le marché des changes.

Une première crise grave se produit après l'occupation de la Ruhr, en 1923-1924. Poincaré* la résout grâce à un prêt de la banque Morgan, et, pour consolider le franc, il augmente les impôts de 20 % à la veille des élections de 1924, ce qui contribue à expliquer qu'il les ait perdues. Malgré cette mesure, et le vote du « bordereau de coupons », destiné à lutter contre la fraude en obligeant les porteurs de valeurs mobilières à en déclarer le revenu, la situation reste précaire.

Herriot* en hérite, mais la laisse se détériorer, faute d'agir assez vite. Le sacro-saint « plafond » des avances de la Banque de France à l'État est crevé, mais plutôt que de demander à la Chambre de légaliser cette situation en relevant le plafond, Herriot envisage un impôt sur le capital. Les banques le combattent alors, et, en avril 1925, le bilan de la Banque de France, qui camouflait jusqu'alors la situation par des trucages peu honnêtes, fait apparaître que le plafond est crevé. Herriot démissionne, victime du « mur d'argent » et des « 200 familles » (les 200 plus gros actionnaires de la Banque de France, qui élisent le conseil des régents). La Banque de France, qui ne dépend pas de l'État, a joué un rôle déterminant dans sa chute.

Elle ouvre une période d'instabilité ministérielle, durant laquelle le franc continue à se dévaluer. En juillet 1926, au plus fort de la crise, Poincaré est rappelé à la présidence du Conseil et prend le portefeuille des Finances. Son seul retour ramène la confiance et apaise aussitôt la crise.

Les débuts de la société d'inflation

Importante par ses conditions politiques, la crise financière l'est surtout par ses conséquences sociales. Les prix, en effet, ne cessent d'augmenter. Multipliés par 3 de 1914 à 1922, ils doublent encore entre 1922 et 1928.

Cette hausse des prix appauvrit les rentiers. Beaucoup d'entre eux ont perdu leurs placements (fonds russes et autres). La plupart tirent leurs ressources d'obligations fournissant un revenu fixe (tant de francs par an), ou d'immeubles qu'ils louent. Or un revenu fixe, alors que les prix augmentent, c'est un pouvoir d'achat qui s'effondre. Quant aux loyers, le gouvernement les réglemente strictement, dans l'intérêt des locataires, en limitant leur augmentation à 75 % du loyer de 1914 (1923), puis à 150 % (1929). L'inflation condamne les bourgeois d'autrefois. On comprend leur nostalgie de ce qu'ils nomment alors la « Belle Époque ».

Mais, d'autre part, la dépréciation de la monnaie favorise les industries sur le marché international. Poincaré au pouvoir est donc l'objet de deux sollicitations contraires : les rentiers, pour améliorer leurs revenus réels, souhaitent qu'il revalorise le franc ; les industriels, pour vendre plus facilement à l'étranger, désirent conserver une monnaie un peu dévaluée. Poincaré, dont la majorité est reconduite en 1928, adopte un compromis : la stabilisation du franc (25 juin 1928), qui est défini par rapport à l'or, mais ne pèse plus que le cinquième de ce qu'il pesait avant 1914.

La France, en paix avec ses voisins, apparemment rétablie, semble entrer dans une période de prospérité. Poincaré, fatigué, démissionne en juillet 1929, mais ses successeurs, Laval* et Tardieu*, poursuivent sa politique. Tardieu notamment, incarne une droite libérale, dynamique et soucieuse d'efficience à l'américaine. Il annonce un plan d'outillage national, pour utiliser les ressources reconstituées du Trésor. Mais la crise économique survient, et la victoire du Cartel aux élections de 1932 ramène les radicaux au pouvoir.

Chapitre 3

Le temps des crises (1930-1940)

Repères chronologiques

1931	Dévaluation de la livre (21 septembre)
1932	Élections législatives et victoire du Cartel (mai) Chute du cabinet Herriot (14 décembre)
1933	Arrivée d'Hitler au pouvoir en Allemagne (30 janvier) F.D. Roosevelt, président des États-Unis, dévalue le dollar (6 mars)
1934	6 février, émeute de droite, place de la Concorde Démission de Daladier et formation du cabinet Doumergue (7 février) Grève générale (12 février) Pacte d'unité d'action entre le PCF et la SFIO (27 juillet) Élections cantonales (octobre)
1935	Reconstitution de l'armée allemande (mars) Signature du pacte franco-soviétique (2 mai) Élections municipales (mai) Manifestation et serment du Front populaire (14 juillet) Décrets-lois Laval, réduisant de 10% les traitements publics (17 juillet) Début de la guerre d'Éthiopie (octobre)
1936	Programme du rassemblement populaire (janvier) Hitler remilitarise la Rhénanie (7 mars) Élections législatives et victoire du Front populaire (26 avril-3 mai) Grève générale (mi-mai à juin) Formation du ministère L. Blum (6 juin) Accords Matignon, entre la CGT et le patronat (7 juin) Lois instituant les congés payés et la semaine de 40 heures (juin) Début de la guerre civile espagnole (18 juillet)

	Loi instituant l'Office du blé (15 août) Dévaluation du franc (26 septembre) Loi sur la conciliation et l'arbitrage obligatoires (31 décembre)
1937	La pause (février) Le Sénat renverse le cabinet Blum (21 juin)
1938	L'Anschluss (12 mars) Formation du ministère Daladier (12 avril) après un bref retour de Blum au pouvoir Accords de Munich (29 septembre) Décrets-lois Reynaud mettant fin aux 40 heures et revalorisant les allocations familiales (12 novembre) Échec de la grève générale contre les décrets-lois (30 novembre)
1939	Hitler occupe la Tchécoslovaquie (mars) Code de la famille (29 juillet) Pacte germano-soviétique (23 août) L'Allemagne envahit la Pologne et la France déclare la guerre à l'Allemagne (1-3 septembre) Dissolution du parti communiste (26 septembre)
1940	Démission de Daladier, remplacé par Reynaud (22 mars) Offensive allemande (10 mai) ■

LA PÉRIODE 1930-1940 est marquée par un faisceau de crises : la crise économique la domine, mais elle entraîne une crise politique et sociale et s'accompagne d'une crise nationale, face à la menace hitlérienne.

La crise économique

Une crise tardive

L'économie française connaît, dans les années 1920, une croissance inégale. L'industrie textile retrouve péniblement en 1928 son niveau d'avant-guerre. La production d'acier double au contraire (4,7 millions de tonnes en 1913, 9,7 en 1929). En 1930, la production industrielle (base 100 en 1913) atteint l'indice 140 (159 pour les constructions mécaniques, 129 pour la métallurgie).

Mais cette industrie dépend plus qu'à d'autres époques des exportations, car la consommation intérieure n'a pas beaucoup progressé. Plus du tiers des produits finis en acier sont exportés, et 40 % de la production cotonnière.

L'économie française est donc atteinte par la crise mondiale de surproduction que précipite le krach boursier de Wall Street (jeudi noir, 24 octobre 1929), mais qu'annonçait la baisse des prix mondiaux depuis la fin de 1928. À la fin de 1929, la crise est très violente à l'étranger. L'Allemagne et l'Angleterre ont plus d'un million de chômeurs.

La France est touchée plus tard. La production industrielle se maintient jusqu'au milieu de 1930, et la crise commence vraiment à l'automne de cette année. Deux raisons expliquent ce retard :

1. La stabilisation du franc (1928) a laissé le franc dévalué par rapport aux autres monnaies. Les prix français sur le marché international étaient donc inférieurs aux prix étrangers. Cet avantage de change a été progressivement rongé par la baisse des prix internationaux, mais il a mis plusieurs mois à disparaître.
2. Les colonies constituent pour les produits français un marché de remplacement. Elles absorbent 50 % des exportations de produits cotonniers, 83 % de celles de sucre, 58 % de celles de produits oléagineux. Les exportations de produits mécaniques vers les colonies augmentent jusqu'en 1933. En 1931, la moitié des exportations d'automobiles va aux colonies.

Une crise atténuée

La production industrielle recule fortement en 1932. Sur une base 100 en 1928, l'indice atteint alors 78. Les branches les plus atteintes sont la sidérurgie (58) et les constructions mécaniques (68). Le textile (74) ou la chimie (83) sont moins durement touchés. Après une légère reprise en 1933, une nouvelle rechute rend la situation aussi mauvaise au printemps de 1935 qu'en 1932.

Pourtant, cette crise ne provoque pas en France les drames qu'on voit à l'étranger. Le chômage reste limité : moins de 900 000 chômeurs au plus dur de la crise. Le chômage partiel a été plus important. Au printemps de 1932, le quart des ouvriers des usines de plus de 100 salariés travaillait moins de 40 heures par semaine, mais ils sont moins de 10 % à la veille du Front populaire. De ce fait, malgré une assez bonne résistance des salaires horaires, les gains hebdomadaires des ouvriers ont diminué de 12,5 % en moyenne. Mais les prix de détail et le coût de la vie ont diminué beaucoup plus encore (25 %), si bien que, paradoxalement, le pouvoir d'achat des ouvriers aurait plutôt augmenté pendant la crise.

L'opinion n'a pas conscience des limites de la crise. Elle voit la baisse de l'activité et des salaires, mais non celle des prix de détail.

Trois raisons expliquent que la crise ne soit pas plus sévère :

1. La structure industrielle est encore caractérisée par la dispersion de la production en un grand nombre de petites et moyennes entreprises au capital souvent familial. Ces entreprises avaient peu renouvelé leur matériel. Faiblement endettées, elles ne dépendaient pas des banques. Elles ont tourné au ralenti, sans licencier leurs ouvriers, par paternalisme, par orgueil (ne pas rendre publiques ses difficultés) et par intérêt (quand la production reprendra, on aura besoin d'ouvriers expérimentés, il ne faut donc pas les perdre). Les entreprises qui souffrent le plus de la crise (Citroën) sont celles qui se sont modernisées et endettées.
2. Devant la crise, les Français ont réduit leurs investissements plutôt que leur train de vie, au besoin en prélevant sur leur capital. La modernisation des équipements industriels a été abandonnée, et la construction de logements tombe très bas. En revanche, la consommation alimentaire reste satisfaisante.
3. Le poids de la crise a été ainsi en partie reporté sur les agriculteurs. Le maintien de la consommation alimentaire s'explique par la baisse des prix

de détail, qui suppose une baisse plus profonde encore des prix à la production. Or, quand le prix de la viande ou du blé baisse, les agriculteurs ne réagissent pas comme les industriels. Ils ne réduisent pas leur production. Ils l'augmentent au contraire, dans l'espoir de maintenir leur gain en vendant plus de produits. L'augmentation de la production relance donc la baisse des prix, tant qu'il n'y a pas d'organisation des marchés.

Une crise longue

Plus tardive et moins sévère qu'à l'étranger, la crise est en France beaucoup plus longue. Sur la même base 100 en 1928, l'indice de la production industrielle est en avril 1935 à 76 en France, 78 aux États-Unis, 95 en Allemagne, 104 en Angleterre. En avril 1936, à la veille des élections du Front populaire, il est à 88, contre 91 aux États-Unis, 106 en Allemagne et 121 en Angleterre. La France a du mal à sortir de la crise.

Cela s'explique en partie par les mêmes causes que la moindre gravité de la crise : les structures industrielles (pas d'élimination des « canards boiteux »), le sacrifice des investissements (pas de relance par de grands travaux), et le poids des agriculteurs (33 % de la population) qui, durement touchés, restreignent leur niveau de vie (achats de vêtements, par exemple).

À ces facteurs structurels s'ajoute l'effet d'une politique économique désastreuse : la politique de déflation. Traumatisée par l'inflation née de la guerre, la bourgeoisie a accueilli Poincaré comme un sauveur, et elle a les yeux fixés sur la valeur de la monnaie. Pour elle, ce qui compte, c'est la valeur du franc et le maintien de sa parité avec l'or. Cette conception purement monétaire entraîne deux conséquences :

1. Le refus scandalisé de toute dévaluation. Bien que celles de la livre (1931) et du dollar (1933) aient relancé d'abord l'économie britannique puis celle des États-Unis, personne en France ne propose de dévaluer, à l'exception d'un jeune député de droite, Paul Reynaud*, qui fait figure de non-conformiste (1934).
2. L'acharnement à réaliser l'équilibre budgétaire. On est en effet convaincu que si le budget n'est pas équilibré, l'État « fait marcher la planche à billets » pour combler le déficit, et qu'en conséquence la monnaie perd sa valeur.

Or la crise économique diminue les ressources de l'État. Les impôts (sur le revenu, sur le chiffre d'affaires, sur les transactions) rapportent moins que prévu. Le déficit se creuse donc. Pour le combler, on augmente le taux des impôts et on diminue les dépenses : on réduit les programmes d'équipement ou d'armement, on ampute les traitements des fonctionnaires et les retraites. Mais ces économies aggravent la crise : ce sont des commandes que les entreprises ne reçoivent pas, des dépenses que les fonctionnaires ne font pas. Le déficit se trouve encore aggravé, puisque, sur une activité économique encore contractée, les impôts, même plus durs, rapportent moins que prévu. De 42,4 milliards en 1931-1932, les recettes fiscales tombent à 31,9 milliards en 1935, et le déficit passe de 5,5 à 10,4 milliards. L'objectif budgétaire ne peut être atteint, mais les efforts faits pour l'atteindre creusent la crise et retardent sa solution.

La crise politique et nationale

La déflation et l'instabilité ministérielle

Les élections législatives de mai 1932 voient une seconde victoire du Cartel (radicaux + socialistes), bien que les communistes se soient maintenus au second tour plutôt que de se désister en sa faveur. Mais les socialistes restent fidèles à leur politique de 1924 : le soutien sans participation. Herriot*, qui forme le gouvernement, donne la priorité aux questions internationales (conférence du désarmement) et tombe en décembre 1932 sur le paiement aux Américains des dettes de guerre, paiement que la Chambre refuse, puisque, sur la proposition des Américains, l'Allemagne a cessé de payer les réparations depuis l'été de 1931.

En matière économique, Herriot, instruit par son échec de 1925, ne veut pas mécontenter les milieux financiers. Il fait donc leur politique et nomme aux Finances Germain-Martin, qui cherche à équilibrer le budget. Mais cette politique de déflation multiplie les mécontents, fonctionnaires et retraités, dont elle ampute les revenus. Sous la pression des mécontents, les députés commencent par refuser les économies demandées et renversent les gouvernements qui les proposent, avant de les accorder, par lassitude, à celui qui leur succède. Une période de forte instabilité ministérielle s'ouvre ainsi.

La crise du régime

Comme la France s'enfonce dans la crise, l'opinion juge peu efficace la politique suivie. Or elle attribue cette inefficacité à l'instabilité ministérielle, c'est-à-dire aux députés qui en sont responsables. Le thème de la réforme de l'État devient d'actualité (1933). L'antiparlementarisme fait le succès des ligues d'extrême-droite. À l'Action française et à ses Camelots du roi, s'ajoutent des concurrents plus récents : les Croix de Feu, du colonel de La Rocque (35 000) et leurs Volontaires nationaux (50 000), organisés militairement, les Jeunesses patriotes (Taittinger), la Solidarité française et les Francistes.

Les ligues font grand bruit dans la rue et dans la presse. Elles exploitent l'affaire Stavisky, un escroc qui avait bénéficié de complicités dans la magistrature et les milieux officiels, et qui meurt dans des circonstances peu claires. Deux ministres compromis démissionnent, et le gouvernement, alors présidé par un jeune radical, Chautemps, tombe.

Il est remplacé par Édouard Daladier*, autre jeune radical très en vue, de réputation énergique. Mais les ligues manifestent contre le régime le 6 février 1934, pendant que Daladier présente son gouvernement à la Chambre. L'émeute autour du Palais-Bourbon fait 16 morts, notamment place de la Concorde.

Les ligues, divisées, n'étaient d'accord ni sur un programme ni sur des hommes. Elles ne voulaient pas prendre le pouvoir, mais provoquer un changement de majorité. Elles y réussissent : Daladier démissionne le 7 février, et un ancien président de la République, Gaston Doumergue, rappelé de sa retraite, forme un gouvernement d'union nationale.

Mais la gauche voit dans le 6 février une menace fasciste : la République et les libertés sont en danger. À l'appel de la CGT, une journée de grève générale, le 12 février, s'accompagne de nombreux défilés dans les rues, en province et à Paris. Devant la menace, la gauche s'unit : la CGTU, le PCF, la SFIO ont rejoint la CGT. La vie politique prend un cours nouveau.

L'organisation du Front populaire

Le pays se coupe en deux. La gauche s'unit. Le PCF ne cesse pas aussitôt ses attaques contre les socialistes, mais il signe avec la SFIO, le 27 juillet 1934, un pacte d'unité d'action. Les radicaux enregistrent de médiocres résultats aux élections cantonales (octobre 1934) et municipales (mai 1935). Ils rejoignent donc le Front populaire à temps pour participer à la grande manifestation du 14 juillet 1935 et jurer, avec les deux autres partis, de défendre les libertés démocratiques et de « donner du pain aux travailleurs, du travail à la jeunesse, et au monde la grande paix humaine ». En tête du cortège, Blum*, Thorez*, le jeune secrétaire général du PCF, et Daladier*, qui remplacera bientôt Herriot* à la présidence du parti radical.

Le Front populaire débouche, en janvier 1936, sur un programme électoral qui ne comprend aucune réforme de structure (excepté celle de la Banque de France et la nationalisation des industries d'armement, qui seront réalisées dans l'été de 1936) : les radicaux, soutenus sur ce point par les communistes soucieux de ne pas effaroucher les classes moyennes, ont eu raison des socialistes et fait prévaloir un programme modéré. D'autre part, les communistes rentrent dans la discipline républicaine et se désistent au second tour pour le mieux placé des candidats du Front populaire.

La politique de la droite au pouvoir facilite ce rapprochement et lui apporte des troupes. Germain-Martin, ministre des Finances de Doumergue, diminue de 3 % traitements et pensions. En juillet 1935, Pierre Laval* va plus loin dans le même sens : il institue par décret-loi un prélèvement de 10 % sur les traitements et pensions payées par l'État. Le mécontentement est très vif dans les classes moyennes et parmi les fonctionnaires.

D'autant que ces sacrifices semblent inutiles. La crise dure. La situation du printemps 1935 est aussi mauvaise que celle du printemps 1932. Une reprise se dessine dans l'hiver de 1935-1936, mais l'opinion ne la perçoit pas. L'instabilité ministérielle se poursuit, avec 4 gouvernements du 6 février 1934 aux élections des 26 avril-3 mai 1936. Et Doumergue, qui aurait trouvé une majorité au printemps de 1934 pour réformer la constitution (droit pour le gouvernement de dissoudre la Chambre, sans avis du Sénat, en cas de crises ministérielles répétées) a laissé passer le moment favorable et s'est fait renverser sur cette réforme à laquelle il a donné une couleur autoritaire.

Le péril hitlérien et la crise nationale

L'avènement d'Hitler au pouvoir (30 janvier 1933) entraîne l'échec de la politique étrangère menée depuis 1924 et qui reposait sur l'organisation internationale de la paix.

Résolu à créer une armée, Hitler quitte en octobre 1933 la SDN et la conférence du désarmement. En juillet 1934, il tente d'annexer l'Autriche, mais échoue devant l'opposition italienne (Mussolini). En janvier 1935, la Sarre est rattachée par plébiscite à l'Allemagne. En mars 1935, en rupture du traité de Versailles, Hitler rétablit le service militaire, et crée une armée de 36 divisions, ainsi que la Luftwaffe.

Dans ces conditions, la France revient à la politique traditionnelle d'alliances : conférence de Stresa (avril 1935 : France, Italie, Angleterre), et pacte franco-soviétique, signé par Laval le 2 mai 1935. Mais le front de Stresa se désagrège dès octobre, quand l'Italie entreprend en Éthiopie une guerre de conquête coloniale. L'Angleterre condamne cette agression et demande des sanctions contre l'Italie, puisque celle-ci appartient à la SDN comme l'Éthiopie. Laval* cherche à ménager et l'Angleterre et l'Italie et limite les sanctions économiques. Il mécontente l'Angleterre (c'est trop peu), tout en irritant l'Italie (c'est trop).

L'opinion française connaît des reclassements surprenants. La droite est hostile aux sanctions par sympathie idéologique pour le régime de Mussolini. Elle accorde plus de prix à l'alliance italienne qu'à l'anglaise, car elle soupçonne l'Angleterre de poursuivre son propre intérêt sous couleur de droit des peuples et d'ordre international. Elle ouvre ainsi la voie à d'autres agressions, dont les alliés de la France risquent d'être les victimes. Le nationalisme anti-allemand du temps de Poincaré a fait souvent place à un pacifisme sans gloire, prêt à acheter la paix par des concessions territoriales aux puissances totalitaires, parce qu'elles font peur, et leur régime peu envie.

La ratification du pacte franco-soviétique intervient dans ce contexte trouble. La droite y est hostile, pour ne pas mécontenter Hitler. Certains conseillent même de lui laisser les mains libres pour des conquêtes à l'Est. La droite craint d'autre part que l'URSS ne veuille la guerre, et elle refuse tout accord trop contraignant ou qui ne serait pas purement défensif. Enfin, elle est inquiète de voir les communistes français approuver le pacte, tenir des propos très patriotiques, voter les crédits de la défense nationale et prôner la résistance à Hitler.

On voit le paradoxe : la droite nationaliste, autrefois anti-allemande, préconise la conciliation face aux dictatures. La gauche, autrefois pacifiste, reste fidèle à la SDN, mais réclame la fermeté devant Hitler et Mussolini.

La division de l'opinion est le signe d'une crise nationale grave. Elle paralyse toute action. Prenant prétexte de la ratification du pacte franco-soviétique, Hitler remilitarise la Rhénanie (7 mars 1936), en violation flagrante non seulement du traité de Versailles, mais de celui de Locarno, librement accepté par l'Allemagne. Le gouvernement (Sarraut) est très ferme en paroles, mais très timide dans ses actes. La Grande-Bretagne le pousse à la conciliation. Une action militaire serait difficile, la France n'ayant pas l'armée de sa diplomatie : engagée par traité à soutenir contre l'agresseur la Pologne ou la Tchécoslovaquie, elle n'a aucune troupe capable d'intervenir sans délai et doit, avant tout engagement militaire, mobiliser les réservistes. Mais l'incertitude de l'opinion pèse très lourd : la France se borne à protester contre la remilitarisation de la Rhénanie.

Espoirs et déceptions du Front populaire

L'été 36

Le Front populaire gagne les élections. Au sein de la gauche, un glissement est sensible : les communistes gagnent 60 sièges (72 contre 12), tandis que les radicaux reculent (116 députés). La SFIO est le parti le plus fort (146 députés + 26 néo-socialistes). Léon Blum* forme le gouvernement (6 juin 1936), sans prendre lui-même de ministère. Trois femmes, pour la première fois, participent au gouvernement comme secrétaires d'État. Les communistes pratiquent à leur tour le soutien sans participation.

Avant même la formation du gouvernement, des grèves ont éclaté, au milieu du mois de mai, dans les usines de construction mécanique, aéronautique ou automobile. Si la crise n'a pas entraîné de réduction du niveau de vie ouvrier, elle a en effet provoqué une sensible aggravation des conditions de travail. Le salaire au rendement est la règle, et les cadences ont été intensifiées, pour diminuer les prix des produits fabriqués.

La victoire du Front populaire fait sauter un verrou : les ouvriers sentent que le pouvoir ne sera pas contre eux, que les ministres seront des camarades. C'est le moment de secouer le carcan, de se redresser, de montrer aux contremaîtres et aux chefs d'atelier qu'on ne supportera plus leur autoritarisme et leurs brimades, aux patrons qu'ils devront compter avec les ouvriers. Les grèves expriment cette revendication de dignité : les ouvriers sont des hommes, et ils n'admettent pas d'être traités comme des esclaves. D'où leur joie de s'affirmer ainsi.

Née dans la métallurgie, la grève gagne par contagion les autres secteurs, et de Paris la province. Au début de juin, quand Blum forme le gouvernement, la grève est générale (à l'exception des fonctionnaires, des cheminots et des employés des services publics). Pour la première fois en France, elle s'accompagne de l'occupation des usines, où les patrons voient une atteinte à la propriété des moyens de production, et les ouvriers, la garantie que les patrons accepteront leurs conditions.

Après s'être assuré que le patronat accepterait des concessions importantes, Blum* organise entre ses représentants et la CGT une rencontre à la présidence du Conseil. Elle aboutit aux accords Matignon (7 juin 1936). Les ouvriers obtiennent une hausse des salaires (entre 7 et 15 %), l'élection de délégués d'atelier dans les entreprises, et, de la part du gouvernement, l'engagement, aussitôt tenu, de faire voter des lois instituant la semaine de 40 heures et des congés payés (12 jours ouvrables par an). Des conventions collectives par branches doivent préciser cet accord.

La grève générale se termine progressivement, au cours des semaines suivantes. Les partis politiques, dont le PCF (Thorez* : « Il faut savoir terminer une grève », 11 juin), poussent à la reprise, comme le gouvernement ou la CGT, réunifiée depuis le début de l'année et qui gagne des millions d'adhérents (ses effectifs passent de 750 000 à 4 millions).

La grève terminée, le calme ne revient pourtant pas dans les ateliers. Les patrons, qui se sont sentis personnellement atteints par la grève, ont une revanche à prendre. L'organisation patronale est réformée, ses dirigeants remplacés, et elle refuse à l'automne de s'engager dans un second accord. À la base, la maîtrise a perdu son autorité, contestée par les délégués d'atelier, et mal soutenue par les patrons. Les cadences baissent. Les tentatives de reprise en main provoquent des conflits. Nul n'est préparé, et nul ne songe à rechercher un compromis entre les exigences de la production et celles de la dignité ouvrière.

L'accord Matignon n'ouvre donc pas une période de paix sociale, mais de guerre froide, entrecoupée de conflits brusques et durs, notamment au moment du renouvellement des conventions collectives. Pour limiter ces conflits, le gouvernement institue la conciliation et l'arbitrage obligatoires (loi du 31 décembre 1936).

La politique économique et son échec

Le Front populaire prend le contre-pied de la politique de déflation. Il veut relancer la production par la consommation. Pour cela, il veut augmenter le pouvoir d'achat de la population. Les hausses de salaires décidées à Matignon n'ont donc pas seulement une portée sociale : c'est un élément central d'une nouvelle politique économique. Elle est complétée par la lutte contre le chômage, avec la loi limitant à 40 heures la durée hebdomadaire du travail : en empêchant les heures supplémentaires, on espère que les patrons embaucheront pour exécuter leurs commandes. Deux mesures achèvent cette politique : l'organisation du marché du blé (création de l'Office national du blé, 15 août 1936) et la dévaluation du franc (26 septembre).

L'Office du blé et la dévaluation, pourtant insuffisante (29 %), sont efficaces : une reprise se dessine à l'automne de 1936. Mais elle s'enraye au début de 1937 : le chômage ne recule pas, la production s'essouffle, les prix augmentent rapidement, annulant l'effet des hausses de salaires.

Blum et ses ministres des Finances (Auriol*) et de l'Économie (Spinasse) ont sous-estimé d'abord l'impact des hausses de salaires sur les coûts de production des entreprises (40 % croyaient-ils, contre 70 % environ). De plus, pour limiter les hausses de prix, il aurait fallu une vigoureuse reprise de la production ; sinon, sur un marché où les demandes sont gonflées par les hausses de salaires, des offres restreintes (production insuffisante) engendrent inévitablement de fortes hausses de prix. Or une vigoureuse reprise de la production est impossible, pour deux raisons :

1. Les équipements vieillis ne le permettent pas. Il faudrait des investissements nouveaux. Or les patrons ne veulent pas investir tant qu'ils ne sont pas sûrs d'être maîtres chez eux, et les capitaux fuient à l'étranger. Il y a une grève du capital. Blum a beau se faire conciliant et décréter une pause (février 1937), les capitalistes ne lui font pas confiance.
2. La loi de 40 heures limite la production. Les chômeurs n'ont généralement pas de qualification, et ils ne peuvent occuper les emplois créés. De plus, le calcul arithmétique simpliste (si 10 ouvriers travaillent 40 heures au lieu de 44, on pourra en embaucher un 11ᵉ) ne tient compte ni des conditions

matérielles (où mettre le 11e, s'il y a 10 machines seulement ?), ni des structures industrielles (pour que certains secteurs travaillent 40 heures, il faut que d'autres travaillent davantage).

Il aurait donc fallu une application souple des 40 heures. La loi permettait des dérogations. La CGT, où l'influence communiste grandit, notamment dans les métaux, impose une application rigide : la semaine de 5 journées de 8 heures chacune. Les ouvriers refusent d'ailleurs les heures supplémentaires par solidarité : pas une heure de plus, tant qu'il y aura des chômeurs.

Ce double blocage, patronal et syndical, interdit de sortir de la crise. L'indice de la production industrielle (base 100 en 1928) est à 83 en 1938 (128 en Allemagne, 122,5 en Angleterre, 77,9 aux États-Unis). La politique économique du Front populaire échoue, pour des raisons plus sociales qu'économiques.

L'échec politique du Front populaire

Le Front populaire aurait pu tenter de sortir de l'impasse économique et sociale par une politique plus contraignante envers les patrons. Mais, d'une part, le Sénat refusait une telle politique : il fait tomber Blum, le 21 juin 1937, en lui refusant les pleins pouvoirs financiers, alors même qu'il ne demandait pas le contrôle des changes, seul moyen de lutter contre la fuite des capitaux. D'autre part, la situation internationale invitait à renforcer l'unité nationale, face aux menaces des dictatures. Blum fait d'ailleurs adopter un important plan d'armement (14 milliards).

Trois étapes marquent l'aggravation de la situation internationale : la guerre d'Espagne, l'Anschluss et Munich.

Le 18 juillet 1936, des militaires espagnols, dont le général Franco, se révoltent contre la République espagnole gouvernée par un Front populaire. L'Allemagne et l'Italie soutiennent les rebelles. Pressé de venir à son aide par le gouvernement légitime, Blum voit se déchaîner la droite, qui lui reproche de risquer une guerre par solidarité idéologique. Les radicaux étant hostiles à toute intervention, Blum adopte avec l'Angleterre une politique de non-intervention. L'Allemagne et l'Italie, qui vont bientôt s'allier (l'Axe, octobre 1936) l'acceptent en principe, mais la violent ouvertement (40 000 soldats italiens en Espagne en 1937). La non-intervention est mal acceptée par les ouvriers français, qui réclament des avions et des canons pour l'Espagne. Elle crée des conflits dans le Front populaire, les communistes lui étant hostiles. Le compromis consiste à fermer les yeux sur la contrebande avec l'Espagne républicaine, voire à l'organiser, sans pour autant équilibrer l'intervention italo-allemande. La guerre durera jusqu'au printemps de 1939.

L'Anschluss (annexion de l'Autriche par l'Allemagne, 12 mars 1938), trouve la France sans gouvernement, Chautemps, qui avait succédé à Blum, étant démissionnaire. Blum propose un gouvernement d'union nationale, des communistes aux nationalistes, mais la droite refuse son concours. Il forme alors un gouvernement de Front populaire, qui dure un mois. Le 12 avril 1938, Daladier*, qui avait été ministre de la Guerre sous Blum et Chautemps, forme le nouveau gouvernement. Paul Reynaud* est ministre. La droite soutient ce gouvernement. Politiquement, le Front populaire est terminé.

En septembre, la crise des Sudètes fait craindre la guerre. Hitler exige en effet de la Tchécoslovaquie, alliée de la France et dont les frontières ont été garanties au moment de Locarno, qu'elle laisse les Sudètes, de langue allemande, rejoindre l'Allemagne, ce qui démantèle toute la défense fortifiée des Tchèques. Daladier rappelle les réservistes, mais se prête à la conférence de Munich (Allemagne, Angleterre, Italie, France), qui accorde satisfaction à Hitler (29 septembre). La paix est sauvée. L'opinion applaudit Daladier honteux ; c'est le « lâche soulagement » (Blum). Mais on sent bien qu'il faut se préparer pour un affrontement inévitable.

Dans ce contexte, Daladier* remanie son gouvernement. Reynaud* prend les Finances. Il va faire la politique du patronat et remettre les ouvriers au travail, sans craindre un conflit. Les décrets-loi du 12 novembre 1938 font sauter le verrou des 40 heures ; ils facilitent les heures supplémentaires et rendent obligatoire de travailler 6 jours par semaine, même quand on faisait 40 heures en 5 journées de 8 heures. Une grève générale de protestation, organisée par la CGT le 30 novembre 1938, se solde par un échec, la troupe et la gendarmerie étant intervenues au petit matin pour faire fonctionner les services publics (chemins de fer, postes, métro, etc.). Une répression très dure s'abat sur les militants syndicaux et les délégués d'ateliers qui sont renvoyés et ne trouvent pas d'embauche. L'ordre règne dans les usines. Socialement, le Front populaire est terminé. Les ouvriers en conservent les congés payés, et le souvenir inoubliable d'une époque où ils comptaient. Quant aux augmentations de salaire, la hausse des prix les a dévorées depuis longtemps.

Conclusion : la drôle de guerre

Tandis que, le blocage syndical forcé, l'économie repart (l'indice de la production industrielle retrouve en juin 1939 le niveau 100), la France se prépare à la guerre.

Consciente de son infériorité numérique (41,9 millions d'habitants, face aux 70 millions d'Allemands, augmentés de 15 millions d'Autrichiens), c'est le moment où elle se résout à une vigoureuse politique nataliste, avec le relèvement des allocations familiales (décret-loi du 12 novembre 1938), et le code de la famille (décret-loi du 29 juillet 1939), qui institue notamment une prime à la naissance du premier enfant si elle survient dans les deux ans du mariage.

Le ministère de l'Armement est confié à Raoul Dautry (septembre 1939), technocrate efficace, qui s'était fait remarquer à la direction des chemins de fer du réseau de l'État. Sous son impulsion, les fabrications s'accélèrent, et les demandes des militaires sont satisfaites.

La France renforce enfin ses alliances. En mars 1939, Hitler envahit toute la Tchécoslovaquie, au mépris des accords de Munich. Convaincue de sa mauvaise foi, l'Angleterre adopte désormais une politique de fermeté qui la soude à la France. Celle-ci négocie d'autre part un accord militaire avec la Russie, mais les Soviets, déçus par les tergiversations françaises et inquiets de l'agressivité allemande, préfèrent conclure avec Hitler le pacte germano-soviétique (23 août 1939).

Dès lors, le sort de la Pologne était scellé : Hitler l'envahit le 1er septembre, suivi bientôt par Staline. La France, liée à la Pologne par un traité de 1921 dont la garantie avait été solennellement renouvelée, déclare la guerre le 3 septembre, après l'Angleterre.

Mais cette déclaration de guerre n'est suivie d'aucune action militaire, et les Franco-Anglais ne font rien, tandis que les Allemands liquident en trois semaines la résistance polonaise. C'est que l'opinion en veut plus à Staline qu'à Hitler. Le gouvernement soutient les Finlandais, attaqués par les Soviétiques. Il dissout le parti communiste (26 septembre), fait arrêter ses députés et prononcer leur déchéance. Il en pourchasse les militants et les enferme dans des camps où les Allemands les trouveront comme otages, en 1941. On est loin de l'Union sacrée.

L'opinion est profondément partagée. À gauche, et dans une certaine partie de la droite, la plus traditionnelle, on voudrait un cabinet énergique pour faire vraiment la guerre. Une autre partie de la droite, des radicaux, et les socialistes pacifistes voudraient au contraire qu'on discute avec Hitler. La victoire soviétique en Finlande est l'occasion de reprocher au gouvernement son impuissance. Daladier est renversé. Paul Reynaud lui succède, le 22 mars, avec une voix de majorité, péniblement trouvée. Il est soutenu par la gauche, et a dû conserver Daladier à la Guerre.

Reynaud décide d'intervenir en Norvège, pour couper aux Allemands la route du fer, mais l'intervention échoue. Malgré une forte majorité retrouvée au Parlement, le cabinet éclate sous le désaccord Daladier/Reynaud. Le 9 mai 1940, un conseil de cabinet décide de remplacer le général Gamelin, commandant en chef, jugé responsable de l'échec en Norvège. Daladier se solidarise avec Gamelin et démissionne. Reynaud considère son gouvernement comme démissionnaire.

Le lendemain, les Allemands déclenchaient leur offensive.

Chapitre 4

D'une république à l'autre

Repères chronologiques

1940	Percée allemande dans les Ardennes (13 mai) À Bordeaux, Pétain remplace Reynaud comme président du Conseil (16 juin) Appel du général de Gaulle (18 juin) Armistice, signé le 22 juin, en vigueur le 25 À Vichy, les deux Chambres votent les pleins pouvoirs au maréchal Pétain (10 juillet) Statut des Juifs (3 octobre) Entrevue de Montoire, entre Pétain et Hitler (24 octobre) Corporation paysanne (2 décembre)
1941	L'amiral Darlan, vice-président du Conseil (10 février) Offensive allemande contre l'URSS (22 juin) Charte du travail (4 octobre)
1942	Procès de Riom (février-avril) Laval, chef du gouvernement (18 avril) Débarquement américain en Afrique du Nord et occupation par les Allemands de la zone libre (8-11 novembre)
1943	Mobilisation des classes 40 à 42 pour le STO (février) Première réunion du Conseil national de la résistance (27 mai)
1944	Ordonnance du gouvernement provisoire (de Gaulle) sur l'organisation des pouvoirs publics à la libération (21 avril) Débarquement allié en Normandie (6 juin) Débarquement allié dans le golfe de Fréjus (15 août) Insurrection de Paris (19 août) De Gaulle à Paris (25 août) Reconnaissance du gouvernement provisoire par les alliés (23 octobre) Dissolution des milices patriotiques (28 octobre) Fondation du Mouvement républicain populaire (novembre) Création des Houillères du Nord Pas-de-Calais (décembre)

1945	Nationalisation des usines Renault (janvier) Création des comités d'entreprise (22 février) Élections municipales (mars-avril) Capitulation du IIIe Reich (8 mai) Création de la Sécurité sociale (octobre) Statut du fermage (octobre) Référendum et élection d'une Assemblée constituante (21 octobre) Nationalisation des banques de dépôt (décembre)
1946	De Gaulle quitte le gouvernement (20 janvier) Nationalisation du gaz, de l'électricité et des compagnies d'assurances (avril) Refus du projet de constitution par référendum (5 mai) Élection d'une nouvelle Constituante (2 juin) Adoption de la constitution par référendum (13 octobre) Élection de l'Assemblée nationale (10 novembre)
1947	V. Auriol président de la République (16 janvier) Adoption du plan Monnet (janvier) De Gaulle fonde le Rassemblement du peuple français (7 avril). Ramadier met fin aux fonctions des ministres communistes en désaccord avec sa politique économique et sociale (5 mai) Plan Marshall (5 juin) Élections municipales. Succès RPF (octobre) Grève générale (18 novembre-9 décembre) suivie d'une scission entre la CGT et la CGT-FO
1948	Coup de Prague (24 février) Blocus de Berlin (24 juin) Ministère Queuille (11 septembre) Grève générale, notamment des mineurs (octobre-novembre)
1949	Traité de l'Atlantique Nord (4 avril)
1950	Plan Schuman de Communauté européenne du charbon et de l'acier (9 mai). Guerre de Corée (25 juin) Plan Pleven de Communauté européenne de défense (24 octobre)

LA IIIe RÉPUBLIQUE s'effondre dans le désastre militaire de 1940, et la volonté de renouveau prend alors la forme paradoxale du régime de Vichy. La Libération suscite un grand espoir, et les Français affirment leur volonté de rénover la République. Mais, en définitive, la IVe s'inscrit dans la continuité de la IIIe. Pourquoi ? Et comment expliquer une telle continuité, par-delà les ruptures de cette période agitée ?

Le régime de Vichy

La mise en place

La défaite se joue en quelques semaines. 10 mai 1940 : attaque allemande en Belgique, en violation de la neutralité belge. Les troupes françaises volent au secours des Belges, malgré le refus antérieur par ceux-ci de toute entente. 13 mai, percée allemande (Guderian) dans les Ardennes, et manœuvre d'encerclement réussie. L'avance rapide des blindés allemands vers Dunkerque coupe la retraite aux armées belges, anglaises et françaises, dont une partie seulement s'évacue par la mer, du 28 mai au 3 juin. Le front, rétabli sur la Somme, est brisé le 7 juin. Le gouvernement quitte Paris (11 juin), tandis que les réfugiés embouteillent les routes. C'est la débâcle, l'exode. Démission de Paul Reynaud*, remplacé par le maréchal Pétain* (16 juin), qui demande aux Allemands leurs conditions de paix et l'annonce à l'opinion par un discours maladroit qui fait des dizaines de milliers de prisonniers supplémentaires (« c'est le cœur serré que je vous dis aujourd'hui : il faut cesser le combat », 17 juin). Le 22 juin, Pierre Laval* entre au gouvernement comme ministre d'État, tandis que l'armistice, signé le même jour, n'entre en vigueur que le 25.

Le gouvernement s'installe à Vichy le 1er juillet et convoque les deux Chambres qui votent, le 10 juillet, les pleins pouvoirs au maréchal Pétain par 569 voix pour, 80 contre et 20 abstentions.

Les causes de la défaite sont multiples. Son malthusianisme démographique met la France en infériorité numérique : elle avait en ligne 94 divisions, auxquelles s'ajoutaient 10 divisions britanniques, face à 130 divisions allemandes. L'infériorité matérielle est moins évidente. Pour les blindés, dont le rôle fut décisif, l'infériorité tenait moins au matériel (chars de moins de 15 tonnes : 1 900 pour la France, 1 861 pour l'Allemagne ; chars lourds, 531 contre 822, mais les chars français sont plus lourds que leurs adversaires) qu'aux conceptions stratégiques et à la doctrine d'emploi. Les Français utilisaient les chars en accompagnement de l'infanterie, les Allemands en arme de choc. 3 divisions blindées affrontaient donc 10 panzer. En revanche, écrasante était la supériorité de la Luftwaffe : les Français n'avaient pratiquement pas de bombardiers (moins de 200, contre 1 600 environ), et pas un bombardier en piqué, face aux 380 stukas. En première ligne, 600 chasseurs étaient disponibles, face à 1 250 messerschmitt, supérieurs par la vitesse et l'armement. L'énorme supériorité maritime des alliés ne leur servit de rien. L'infériorité morale est moins évidente que l'insuffisance stratégique. Quand ils étaient bien commandés, les soldats se sont courageusement battus. Les pertes en témoignent : entre 60 000 et 100 000 morts en six semaines, c'est plus qu'à Verdun. Mais face à un état-major allemand aguerri par l'expérience espagnole et polonaise, plein d'imagination, rallié à la doctrine offensive d'une guerre éclair qui combine toutes les armes, le commandement français, à l'abri derrière la ligne Maginot, manquait de résolution, d'organisation et d'idées.

Pour l'opinion, comme pour les parlementaires et pour Pétain, les causes militaires de la défaite ne comptent guère. La France paie ses erreurs politiques et morales. La débâcle a des causes profondes : elle sanctionne une longue décadence, une dégénérescence. La France coupable doit accepter sa souffrance, et de la souffrance naîtra le renouveau. On retrouve, laïcisée, une conception cléricale : le pécheur, puni par Dieu, trouve dans un repentir sincère, suivi d'efforts réguliers, la voie du salut.

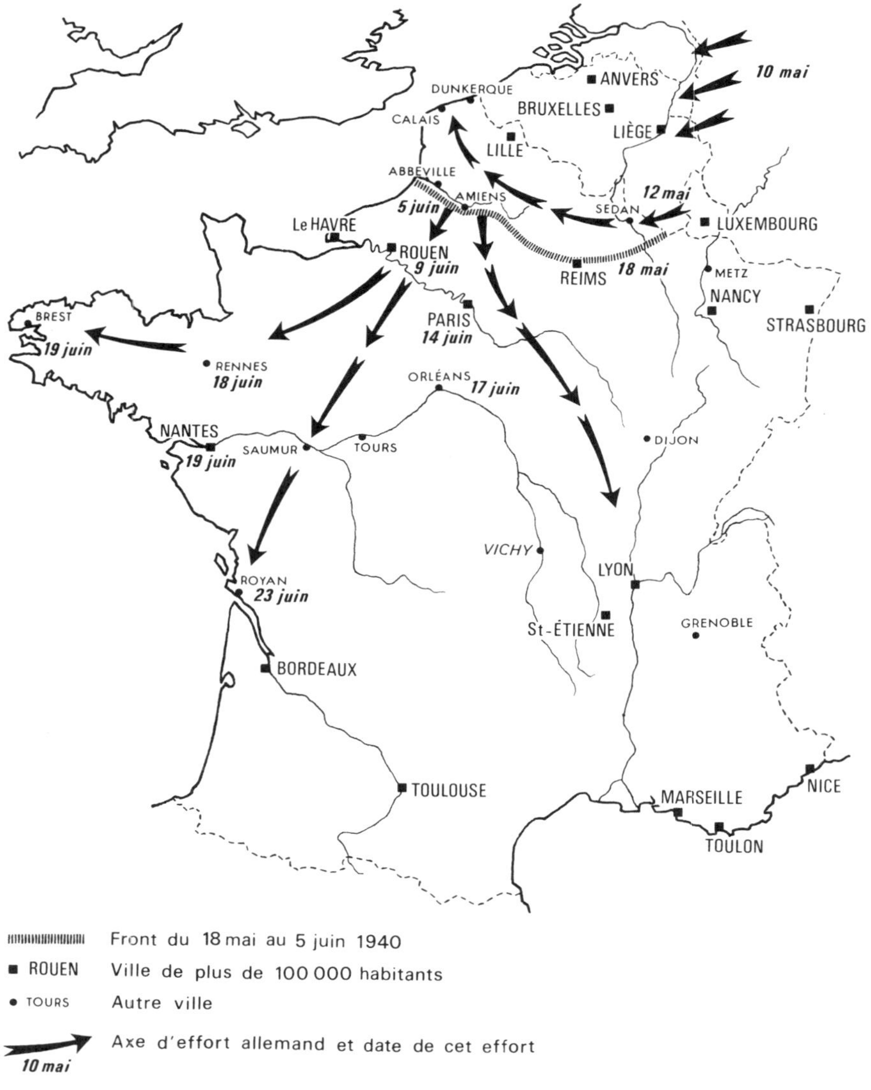

La campagne de France, mai-juin 1940

L'armistice et la collaboration

Dans cette perspective, l'armistice n'est pas une cessation provisoire des hostilités, mais l'acceptation de la défaite. Ce sont les Allemands qui n'ont pas voulu faire la paix tant qu'ils n'auraient pas vaincu l'Angleterre.

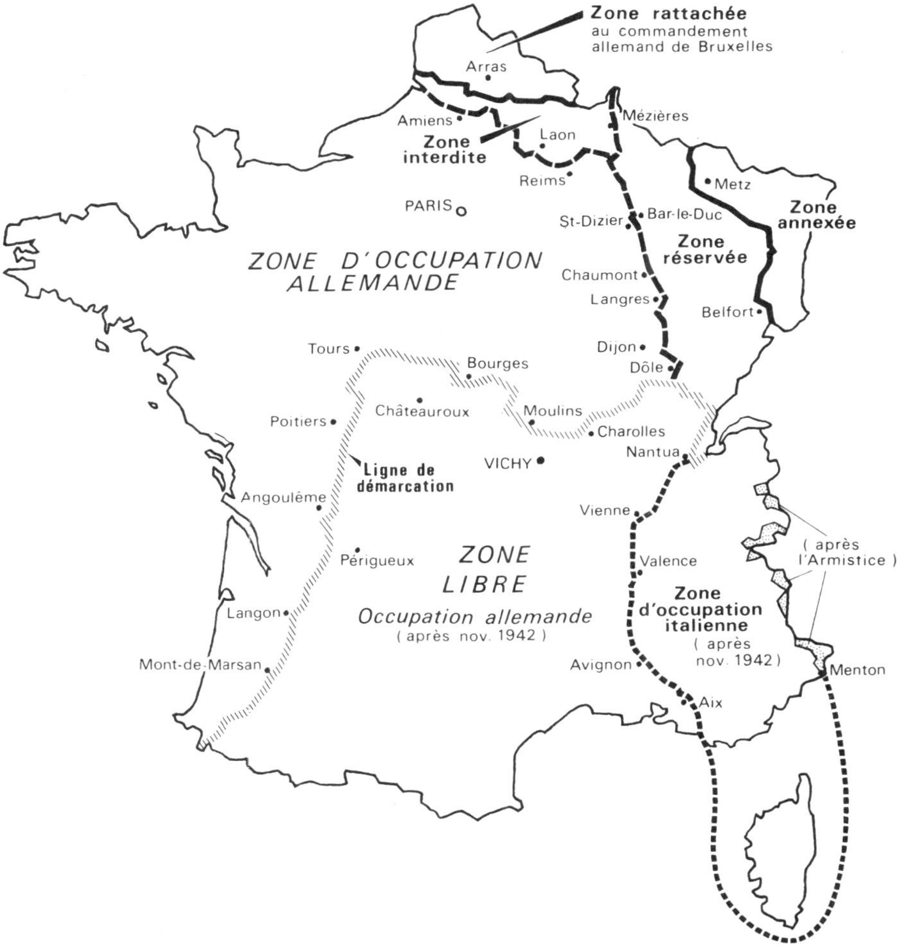

D'après Henri Michel, *La Seconde Guerre mondiale*, t. I, P.U.F., 1968, p. 190.

La France occupée, 1940-1944

L'armistice est très dur. Les prisonniers (un million et demi) ne sont pas rendus. Une énorme indemnité d'occupation (400 millions) est due chaque jour. L'Alsace-Moselle, annexée au Reich, échappe au régime de Vichy, ainsi qu'une zone rattachée au commandement de Bruxelles, interdite ou réservée, qui couvre plus de dix départements, de la Somme au Doubs, par les

Ardennes et la Meuse. Le reste de la France est divisé en deux zones par une ligne de démarcation, qui remonte du Pays Basque jusqu'à la Touraine pour rejoindre ensuite Genève. La zone Nord est occupée. L'autorité du gouvernement de Vichy y subit le contrôle des Allemands, plus discret en zone dite « libre ». L'empire colonial est en dehors de l'armistice, mais la flotte ne rejoint pas des ports neutres, comme l'Angleterre en faisait la condition même d'une paix séparée. En effet, la France et l'Angleterre s'étaient mutuellement interdit par traité toute paix séparée. C'est l'origine du drame de Mers el-Kébir (navires français en rade, coulés par des Britanniques, 3 juillet 1940).

La collaboration est demandée par les Français. Pétain rencontre Hitler à Montoire (24 octobre 1940) et lui serre publiquement la main. Pour Hitler, qui n'a pu faire capituler les Anglais et songe désormais à faire la guerre à l'URSS (ses troupes prendront l'offensive le 22 juin 1941), la collaboration présente l'avantage d'assurer l'ordre et la sécurité à l'Ouest plus sûrement, par un gouvernement accepté par l'opinion, que par une administration militaire. Hitler n'envisage pas de négocier avec Pétain, mais de l'utiliser.

Pour Pétain et Laval, les Allemands sont vainqueurs. Les États-Unis n'ont pas voulu entrer dans la guerre. Ce n'est pas l'Angleterre qui tiendra tête à Hitler, là où les Français ont échoué, pensent-ils. Alors que le général de Gaulle, exilé à Londres, appelle à poursuivre la lutte (18 juin), persuadé au contraire de la généralisation du conflit qui finira par écraser l'Allemagne, Vichy croit que l'Europe va devenir allemande. La négociation et la collaboration doivent donner à la France la moins mauvaise place possible dans cette Europe allemande.

La révolution nationale

La révolution nationale qu'entreprend Vichy doit, pour une part, y concourir : il espère qu'un régime moins éloigné du modèle national-socialiste sera mieux traité. Mais, pour une autre part, la plus importante, la révolution nationale est volonté de rompre avec le passé sur tous les plans :

1. Institutionnel. Il n'est plus question de la République française, mais de l'État français (billets, timbres-poste, édifices publics). La devise « Liberté, égalité, fraternité » est remplacée par « Travail, famille, patrie ». Le régime de Vichy est un pouvoir personnel : le chef de l'État assume tous les pouvoirs et nomme les ministres. Les partis sont dissous. Vichy, cependant, refuse le parti unique, caractéristique des régimes totalitaires.
2. Politique. Les parlementaires sont écartés (renvoi de Laval, 13 décembre 1940). Le régime choisit ses hommes de confiance parmi les militaires (Weygand, l'amiral Darlan, chef du gouvernement du 10 février 1941 au 18 avril 1942), les hauts fonctionnaires, les technocrates. Les élus du suffrage universel sont suspects : les municipalités sont dissoutes, comme les conseils généraux, et remplacées par des commissions nommées par le pouvoir. Des ministres du Front populaire sont traduits devant la cour de Riom (19 février-14 avril 1942). La chasse aux « mauvais » Français

est ouverte. La Franc-Maçonnerie est dissoute (13 août 1940) et ses membres chassés de la fonction publique. Avant même que l'occupant ne le demande, un statut des Juifs est adopté (3 octobre) qui les exclut de nombreuses professions (enseignement). Ils sont dépouillés de leurs entreprises que des administrateurs provisoires sont chargés de vendre ou de liquider (22 juillet 1941). Enfin, les préfets peuvent prononcer des internements administratifs.

3. Religieux. Les congrégations sont autorisées, et les écoles libres subventionnées. L'Église soutient officiellement le nouveau régime.
4. Économique et social. Vichy prône le retour à la terre. Il veut organiser les professions en créant des corporations, comme la corporation paysanne (2 décembre 1940). Il condamne la lutte des classes et dissout les organisations professionnelles nationales (syndicats). La Charte du Travail (4 octobre 1941) institue des syndicats uniques (patronaux d'une part, ouvriers de l'autre) et organise leur collaboration dans des comités sociaux d'entreprise. Tous les syndicats refusent cette Charte, qui n'admet pas la liberté d'association. Les technocrates et le grand patronat organisent la répartition des matières premières en ce temps de pénurie, grâce à des comités d'organisation par branches, où le patronat renforce ses structures syndicales.

Sur certains points, cependant, la continuité est très grande entre Vichy et la IIIe République finissante. La chasse aux « mauvais Français » a commencé sous Daladier. La politique familiale entreprise avec la revalorisation des allocations familiales et le code de la famille se poursuit avec l'allocation de salaire unique (1941). De même, Vichy réalise l'allocation aux vieux travailleurs salariés, discutée sous le Front populaire.

L'évolution de Vichy

Régime personnel, Vichy devait beaucoup au prestige du maréchal Pétain. Bien qu'il soit entretenu par une propagande intense et que les forces d'opposition soient muselées, ce prestige qui demeure encore vif en 1944 ne suffit pas longtemps à garantir au gouvernement le soutien des Français, attentifs à l'évolution de la guerre.

Au milieu de 1941, Vichy n'a pas obtenu de concessions des Allemands, dont l'exploitation économique s'intensifie. Le début de l'offensive contre l'URSS laisse présager que la guerre est loin d'être terminée. L'exécution d'officiers allemands par des résistants provoque en représailles l'exécution d'otages par les Allemands. Le régime se durcit alors (22 février 1942 : création du Service d'ordre légionnaire, qui donnera naissance en janvier 1943 à la milice).

Ce pétainisme dur coïncide avec le moment où l'Allemagne s'installe dans une guerre totale et organise son économie en conséquence. La pression économique et politique sur la France s'accroît donc (installation de la Gestapo en avril 1942). Pétain rappelle alors Laval* (17 avril 1942). Celui-ci, opportuniste sans doctrine, ne croit pas à la révolution nationale et la met en sommeil. Mais l'opinion retient qu'il « souhaite la victoire de l'Allemagne » (22 juin) et qu'il met sa police à la disposition des nazis pour arrêter des milliers de Juifs, non seulement en zone nord (grande rafle dite « du Vel d'Hiv » en juillet à Paris) mais aussi en zone dite libre (août). Ces rafles, et leur brutalité, choquent l'opinion qui se détourne du gouvernement Laval.

Le débarquement américain en Afrique du Nord (8 novembre 1942) provoque l'occupation de la zone libre par les Allemands (11 novembre). Le gouvernement ne démissionne pas, bien qu'il n'ait que l'ombre du pouvoir. Les besoins en main-d'œuvre de l'Allemagne font instituer le Service du travail obligatoire (STO), et les classes 40, 41 et 42 sont mobilisées pour cela en février 1943. Les conseils de révision se tiennent en mars. Quelques mois plus tard, les réfractaires au STO peuplent les maquis.

En 1944, nouveau durcissement, avec la nomination de collaborationnistes convaincus à des postes importants : Philippe Henriot à l'Information, Joseph Darnand, le chef de la milice, à l'Intérieur. Le régime se fascise. La vie quotidienne est faite des luttes de la milice et des résistants, ainsi que des bombardements alliés (visite de Pétain aux victimes, à Nancy, à Paris, avril 1944). Puis c'est le débarquement allié (6 juin 1944). Le 20 août, les Allemands transfèrent de force Pétain et Laval à Belfort d'abord, puis à Sigmaringen.

La Résistance et la Libération

La Résistance

Au début, coexistent deux résistances distinctes, qui s'unissent progressivement.

La résistance extérieure est animée, de Londres, avec le soutien des Anglais, par le général de Gaulle*. Officier non conformiste qui préconisait l'emploi groupé des blindés comme arme de choc, de Gaulle avait été nommé général et secrétaire d'État à la Guerre par Reynaud. Quand celui-ci céda la place à Pétain, de Gaulle partit pour Londres, d'où il lança, le 18 juin, un appel à poursuivre le combat. Autour de lui et de la France libre, il regroupe quelques individualités, puis, à la fin du mois d'août, la majeure partie de l'AEF se rallie à son mouvement. Par les appels et les informations diffusés par la radio anglaise, la France libre sera assez vite connue (il y a en France 5 200 000 postes de radio).

La résistance intérieure est plus précoce en zone occupée qu'en zone libre, mais aussi plus fractionnée. À côté de réseaux de renseignement, de filières d'évasion vers la zone libre, l'Espagne ou la Suisse, de journaux clandestins, de groupes de sabotage puis de maquis, elle s'organise imparfaitement en mouvements. Certains d'entre eux réussissent à s'implanter dans les deux zones. C'est notamment le cas du Front national, fondé par les communistes dès le mois de mai 1941. Mais la ligne de démarcation constitue un obstacle réel. L'OCM (Organisation civile et militaire), qui recrute en particulier des hauts fonctionnaires, est implantée en zone nord, tandis que Combat, né de la fusion de militaires (Frenay) et de démocrates-chrétiens à la fin de 1941, ou Franc-Tireur, fondé à la même époque, comptent surtout en zone sud. Libération, qui recrute parmi des socialistes, des syndicalistes et des universitaires, s'organise en deux mouvements distincts : Nord et Sud.

En 1942, avec la mission de Jean Moulin en France (janvier), de Gaulle entreprend de fédérer la résistance intérieure et de la placer sous son autorité. L'entreprise était délicate, car beaucoup de responsables de la résistance étaient des hommes de gauche qui redoutaient en de Gaulle le militaire autoritaire et l'homme de droite. Le ralliement de socialistes notoires (échange de lettres entre L. Blum et de Gaulle, juin 1942) atteste que de Gaulle n'est pas un apprenti-dictateur, mais le champion des libertés républicaines.

L'intervention des Américains, hostiles à de Gaulle, précipite le ralliement de la résistance intérieure à la France libre. Le 8 novembre 1942, en effet, ils débarquent en Afrique du Nord, sans profiter du soutien de résistants insurgés, qu'ils laissent emprisonner par les autorités de Vichy. L'amiral Darlan se trouvant par hasard à Alger, ils traitent avec lui, le confirment dans ses pouvoirs et ne font même pas abroger les mesures antisémites. Darlan assassiné, les Américains protègent le général Giraud, qui poursuit en fait la politique intérieure de Vichy.

Les résistants comprennent alors que de Gaulle représente la seule chance d'avoir, à la libération, un gouvernement indépendant des Américains et une politique qui rompe nettement avec Vichy. La résistance intérieure reconnaît donc de Gaulle, et les communistes délèguent un des leurs à la France Libre (janvier 1943). Jean Moulin unit dans le Conseil national de la résistance (CNR) les mouvements des deux zones et les partis politiques reconstitués dans la clandestinité (27 mai 1943). Le CNR affirme que Giraud doit être le chef militaire, mais de Gaulle le seul chef de la résistance française. En Algérie même, les jeunes plébiscitent de Gaulle en rejoignant l'armée Leclerc, qui se bat en Tunisie.

Le 30 mai, de Gaulle* s'installe à Alger. Un Comité français de libération nationale est formé, qui fonctionne comme un gouvernement, sous la double présidence de Giraud et de De Gaulle. De Gaulle en devient vite le seul président. Début novembre, une assemblée consultative est réunie, et le CFLN, devenu Gouvernement provisoire de la République française, remanié pour intégrer des représentants de tous les partis, prépare l'administration de la France à la Libération (ordonnance du 21 avril 1944, instituant notamment le vote des femmes), tandis que les Américains et les Britanniques préparent le débarquement sans en parler avec de Gaulle.

En France, le STO jette par milliers les réfractaires dans les maquis. À la fin de 1943, ceux-ci comptent 22 000 hommes organisés. Leur force oblige les Allemands, aidés par la milice, à monter contre eux de véritables opérations militaires (Glières, février 1944 ; l'Ain, février-mars ; le Mont Mouchet, juin ; le Vercors, juillet). Les Forces françaises de l'intérieur (FFI) sont créées le 1er février 1944 pour organiser toute la résistance armée, mais les FTP de Tillon (communistes) et l'organisation de résistance de l'armée (ORA) maintiennent en fait leur indépendance.

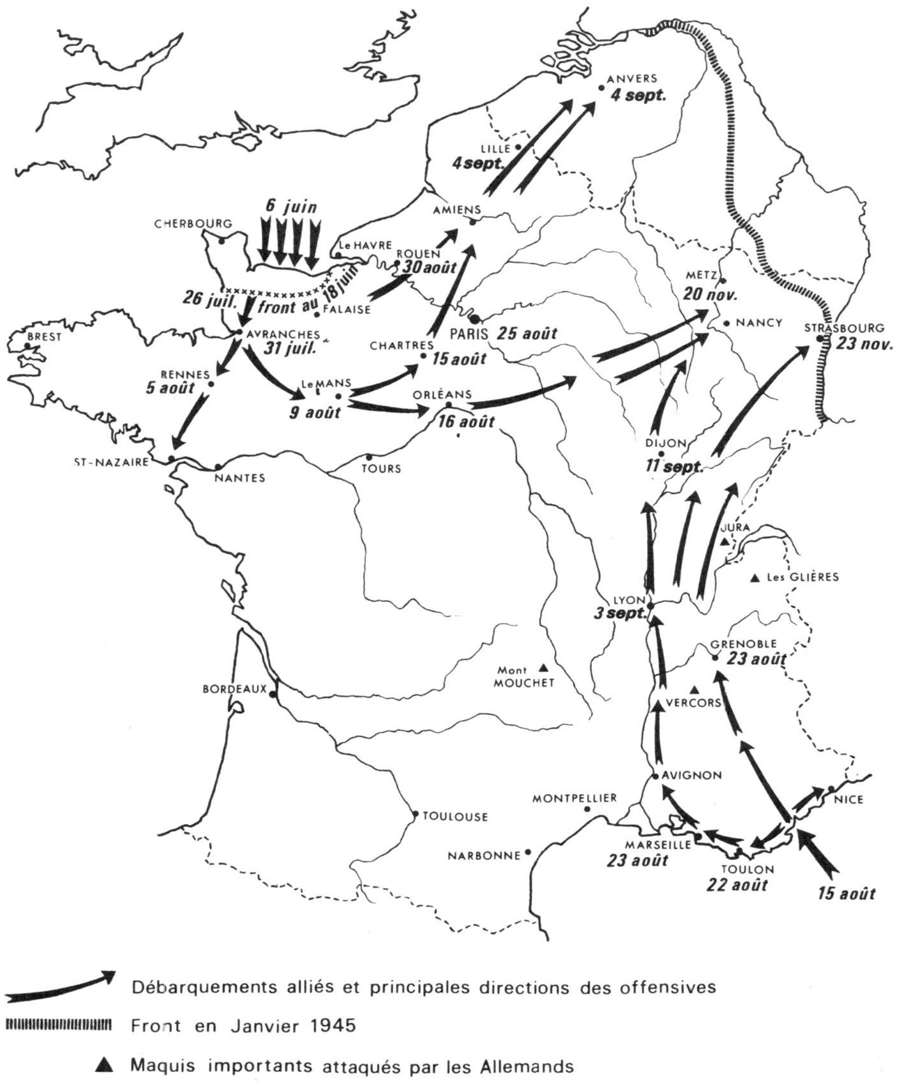

La libération de la France

La Libération

Sur le plan militaire, au début de 1944, les Soviétiques n'ont pas encore totalement chassé les Allemands de leur territoire. L'offensive alliée qui remonte la péninsule italienne est stoppée entre Naples et Rome sur la ligne du mont Cassin. L'ouverture d'un nouveau front est indispensable.

Le débarquement sur les plages de Normandie (6 juin 1944) réussit. Les alliés consolident une large tête de pont, mais ils y sont contenus pendant 6 semaines par les Allemands. L'offensive décisive se déclenche à la fin de juillet. Les blindés de Patton percent en direction d'Avranches, puis se rabattent vers Le Mans, libéré le 9 août, et progressent vers l'est, sans franchir la Loire. Orléans est libéré le 16.

Le 19, les résistants parisiens commencent à se battre contre les Allemands. La capitale s'insurge. Les Américains avaient l'intention de la contourner en l'évitant. Ils acceptent que la division Leclerc marche sur Paris, où elle arrive le 24 au soir, dans l'enthousiasme. Le 25, les Allemands capitulent dans Paris. De Gaulle* y arrive dans l'après-midi, s'installe au ministère de la Guerre, puis se rend à l'Hôtel de Ville, où le CNR et le comité de libération le reçoivent. Le lendemain après-midi, après avoir ranimé la flamme, il descend les Champs-Élysées avec le CNR et son président, G. Bidault*, qui a remplacé J. Moulin, pour se rendre à Notre-Dame où un *Magnificat* est chanté sans le cardinal-archevêque, tandis qu'une fusillade mal expliquée éclate au-dehors.

Cependant, le 15 août, les alliés ont débarqué dans la région de Fréjus. Ils libèrent rapidement Toulon (le 22) et Marseille (le 23), puis, par les Alpes et par la vallée du Rhône, ils remontent vers Lyon, libéré le 3 septembre. Le 13, les armées du midi font leur jonction, dans les Vosges, avec celles qui viennent de Normandie. Pour éviter cette gigantesque tenaille, les Allemands se sont enfuis précipitamment de tout le Centre et le Sud-Ouest, où seuls subsistent quelques îlots de résistance, notamment dans les ports de l'Atlantique. L'offensive se poursuit encore, libère Mulhouse, Strasbourg et Metz (fin novembre), puis cesse devant l'hiver.

Après un dernier sursaut allemand (offensive des Ardennes, 16 décembre 1944), les alliés franchissent le Rhin à la fin de mars 1945 et contraignent le Reich à capituler (8 mai) après le suicide d'Hitler.

Le bilan de la période est lourd. Le pillage allemand de l'économie et l'énorme indemnité d'occupation ont fait flamber les prix (multipliés par 4 de 1939 à 1945), développé le marché noir et désorganisé la production. D'autant qu'avec les prisonniers de guerre et les 650 000 travailleurs envoyés de force en Allemagne, les bras manquent. Les bombardements alliés et les combats de 1944 ont détruit 460 000 immeubles et en ont endommagé 1,9 million. Moins de la moitié du réseau ferré reste praticable, et le matériel ferroviaire, surexploité et mal entretenu, est en partie hors d'usage. On ne compte plus les ouvrages d'art détruits. Les grands ports de l'Atlantique, que les Allemands ont défendu avec acharnement, sont hors d'usage. L'indice de la production industrielle est à 38, contre 100 en 1938, le quart du patrimoine immobilier est détruit et un million de familles sont sans abri. La France a perdu deux à trois années du revenu national d'avant-guerre.

Les pertes humaines sont irréparables. 76 000 Juifs ont été déportés, dont 2 500 reviendront. La répression allemande et milicienne a fait 20 000 victimes et 88 000 déportés, dont 40 % mourront dans les camps. Aux morts de 1940 – entre 60 et 100 000 - s'ajoutent 58 000 soldats tués dans les combats de 1943-1945. Et l'on compte 70 000 civils tués lors des bombardements ou des opérations militaires.

La politique du gouvernement provisoire

La Libération a créé en France une situation que les partisans de Vichy, et la majeure partie de la bourgeoisie, ont cru révolutionnaire. Le pouvoir d'État a en effet changé brusquement de mains. Les préfets de Vichy, les maires, les commissaires de police disparaissent, arrêtés ou en fuite. L'ordre dans la rue est assuré par des bandes armées, sans uniforme, avec un brassard ou un foulard rouge en signe de reconnaissance. Ces bandes, FFI ou FTP, perquisitionnent, réquisitionnent, arrêtent. Des cours de justice improvisées siègent, et prononcent des condamnations à mort. Des exécutions sommaires ont lieu. Des comités départementaux de libération (CDL) et des comités locaux, dont les membres étaient la veille pourchassés par la milice et traités de hors-la-loi, de terroristes ou d'assassins, dirigent le pays. Parmi eux, des communistes. N'est-ce pas la révolution qui commence ?

Cette grande peur est excessive. Certes, dans le Sud-Ouest notamment, il semble que certains responsables communistes aient envisagé la prise du pouvoir. Leurs forces armées, les FTP, restent distinctes, et se transforment en milices patriotiques. Mais c'est compter sans l'action du gouvernement provisoire qui dispose de plusieurs atouts :

– sa représentativité. Constitué de membres de tous les partis, il n'est officiellement contesté par aucun. L'existence, à ses côtés, d'une assemblée consultative provisoire, renforce sa légitimité ;
– sa préparation. Les problèmes ont été posés, et les solutions retenues, avant même le débarquement ;
– la présence des alliés. Hostiles à tout ce qui troublerait leurs communications, ils ne toléreraient pas une révolution. Mais d'autre part, les résistants redoutent qu'ils ne prétendent imposer leur gouvernement militaire. Ils soutiennent donc un gouvernement provisoire qui répond à leurs attentes de résistants, et qui fait respecter par les alliés la souveraineté nationale.

L'action du gouvernement provisoire est rapide. Des commissaires de la République ont été désignés, avant le débarquement, pour occuper les préfectures de région dès la Libération et y exercer l'autorité de l'État, face aux CDL, qui représentent la résistance locale. Ils ont pleins pouvoirs. Ils les exercent, car ils ont été choisis en fonction de leur autorité et de leur caractère, et ce sont des résistants incontestables. Dès septembre, le général de Gaulle effectue des voyages en province pour affirmer sur place l'autorité du gouvernement qu'il préside (Lyon, Marseille, Toulouse, Bordeaux, Orléans).

La normalisation suppose le contrôle de l'épuration. Les CDL ont créé des tribunaux populaires, et les FFI des cours martiales. Le gouvernement n'admet pas cette justice improvisée. Il crée, le 15 septembre, des « cours spéciales de justice », puis, auprès de ces cours, des « chambres civiques » (28 novembre) qui prononcent des peines d'indignité nationale (privation des droits civiques). Au total, l'épuration a été très large : plus de 310 000 dossiers ont été constitués par les Cours de justice et les Chambres civiques, plus de 120 000 individus ont été jugés, près de 25 000 fonctionnaires épurés. En revanche, elle n'a pas été très sanglante : autour de 10 000 exécutions en comprenant celles faites avant la Libération. Le chiffre de 100 000 exécutions, souvent cité, manifeste seulement l'intensité de la peur éprouvée dans certains milieux.

Le gros problème était celui des forces armées. Le gouvernement décida, le 23 septembre, l'amalgame des FFI dans l'armée régulière. Mais les FTP se transformèrent en milices patriotiques. Le 28 octobre, le gouvernement dissout les milices patriotiques. Violentes protestations des communistes, qui reconstituent les milices sous un autre nom. Maurice Thorez*, qui rentre d'Union soviétique le 25 novembre, approuve cette dissolution et fait prévaloir au Comité central de janvier 1945 une ligne légaliste de conquête du pouvoir par l'intérieur. Entre-temps, le général de Gaulle a signé à Moscou, en décembre, un pacte d'amitié.

Sanction de cette normalisation qui établit l'autorité du gouvernement provisoire sur la France : sa reconnaissance par les alliés, le 23 octobre 1944, deux mois après la libération de Paris.

L'œuvre de la Libération et les débuts de la IVe République

La vie politique et l'élaboration d'une constitution

Les partis politiques renaissent : à côté du PCF, la SFIO, qui exclut ceux de ses membres qui ont voté les pleins pouvoirs à Pétain en juillet 1940 (novembre 1944), et le parti radical (décembre). Un nouveau parti, le Mouvement républicain populaire (MRP) se constitue (novembre 1944). Il regroupe des résistants d'inspiration chrétienne, démocrates convaincus, et attire des militants formés par les mouvements d'action catholique. Les tentatives de rapprochement entre PCF et SFIO échouent : ces deux partis présentent des listes distinctes aux élections municipales de mars-avril 1945. De même, le Mouvement de libération nationale n'arrive pas à fondre dans un travaillisme les anciens résistants non communistes d'origine laïque ou chrétienne.

Le 21 octobre 1945 : référendum et élections. Deux questions dans le référendum : voulez-vous que l'Assemblée élue ce jour soit constituante ? Approuvez-vous l'organisation provisoire prévue pour les pouvoirs publics (texte au verso) ? Seuls proposent de répondre non à la première question les partisans du retour à la IIIe République (constitution de 1875), radicaux notamment. Ils sont largement battus (96 % de oui). À la seconde question, seuls les communistes proposent de répondre non, voulant que l'Assemblée constituante ait les pleins pouvoirs. Ils sont battus (66,5 % de oui). L'Assemblée, élue au scrutin proportionnel dans le cadre départemental, compte 160 communistes et apparentés, 146 socialistes, 152 MRP, 29 radicaux et 39 « résistance démocratique et socialiste », la droite ne comptant que 62 élus.

L'Assemblée désigne de Gaulle* comme chef du gouvernement (13 novembre). Un conflit oppose celui-ci au PCF, à qui il refuse un ministère-clef (Intérieur, Guerre ou Affaires étrangères). Mais les partis critiquent les actes du gouvernement, même quand leurs ministres les ont approuvés. D'autre part, ils veulent écarter le gouvernement de l'élaboration de la constitution. De Gaulle coupe court : le 20 janvier 1946, il annonce à ses ministres qu'il se retire. Les trois principaux partis (PCF, SFIO, MRP) forment un gouvernement qui n'intervient pas dans l'élaboration de la constitution. On est passé du tripartisme avec de Gaulle au tripartisme sans lui.

Le projet de constitution est refusé par le référendum du 5 mai 1946. C'est une défaite pour le PCF et la SFIO, qui préconisaient un régime d'assemblée (une seule Chambre). De nouvelles élections (2 juin) confirment le succès du MRP qui avait préconisé le non au référendum. Avec 169 députés, il devient le premier parti (PCF = 153 ; SFIO = 127) et son leader, G. Bidault*, forme un nouveau gouvernement tripartite.

Un nouveau projet de constitution est adopté par lassitude (36,1 % de oui, 31,2 % de non, et 31,4 % d'abstentions) au référendum du 13 octobre. La IVe République diffère peu de la IIIe : le président de la République y a pratiquement les mêmes pouvoirs, et l'on y trouve deux Chambres, aux noms modifiés : l'Assemblée nationale (les députés) élue au suffrage universel direct, le Conseil de la République (les sénateurs) élu suivant un suffrage à deux degrés. Quelques modifications ont été introduites, dans l'espoir de renforcer l'exécutif et de lutter contre l'instabilité ministérielle :

- le président du Conseil est l'objet d'une investiture personnelle, avant même de former son gouvernement. Cette investiture fait l'objet d'un vote spécial, où la majorité absolue (314 voix, puisqu'il y a 627 députés) est requise ;
- la question de confiance est réglementée (posée après délibération gouvernementale, votée après un délai d'un jour franc, majorité absolue requise).

La IVe République se met en place : élection de l'Assemblée nationale le 10 novembre (182 PCF, 164 MRP, 101 socialistes), du Conseil de la République, où le tiers des membres sont des radicaux et des modérés, puis du président de la République. Le socialiste Vincent Auriol* est élu le 16 janvier 1947. Le tripartisme semble se continuer, avec le gouvernement présidé par le socialiste Ramadier.

Les réformes de la Libération

La Libération est une période favorable aux réformes. Le patronat, désorganisé, n'a plus de représentants mandatés (le CNPF se constitue en 1946). Il est discrédité par la collaboration de nombreux patrons, par la persistance du marché noir. Les notables conservateurs, que Vichy avait mis au pouvoir, sont en prison, ou frappés d'indignité nationale. La haute fonction publique est épurée, et des hommes nouveaux accèdent au premier plan. Aussi le programme du CNR (mars 1944), qui prévoyait d'importantes réformes de structure, entre-t-il en application. Trois grandes séries de mesures :

1. Des nationalisations, qui se font en deux temps. Les premières (houillères du Nord-Pas-de-Calais, 14 décembre 1944 ; Renault, 16 janvier 1945 ; Gnome-Rhône, 29 mai 1945) sont à la fois une sanction justifiée par la collaboration avec l'ennemi et une réponse à une situation exceptionnelle. Les

ouvriers refusent en effet de reprendre le travail si l'on ne change pas la direction ou les cadres qu'ils récusent pour des raisons à la fois patriotiques et sociales. À Marseille, à Lyon (Berliet), à Toulouse, il faut nommer des administrateurs provisoires assistés de comités de gestion. Les comités d'entreprise constituent une réponse plus générale à cette situation.

Les secondes se font avec la caution du suffrage universel, après les élections d'octobre 1945. Le souvenir de la crise a profondément discrédité l'entreprise privée dans l'opinion publique, qui approuve très largement, avec le dirigisme, le « retour à la Nation » des grands services publics et des secteurs déterminants de l'économie. C'est pourquoi ces nationalisations ne seront pas remises en question avant qu'une nouvelle crise économique ne discrédite à son tour l'intervention de l'État. Les chemins de fer, dont le déficit était comblé par l'État, avaient déjà été nationalisés avec l'accord des compagnies en 1937. Conformément à la charte du CNRS, le gouvernement provisoire nationalise l'essentiel du secteur énergétique (les charbonnages, le 17 mars 1946 ; le gaz et l'électricité, le 8 avril), les quatre principales banques de dépôt (2 décembre 1945), et les compagnies d'assurances (25 avril 1946).

2. La création des comités d'entreprise (22 février 1945) : dans les entreprises de plus de 50 salariés, ces comités sont élus par les ouvriers et la maîtrise. Ils gèrent les œuvres sociales. Ils sont informés de la marche et des résultats économiques de l'entreprise.
3. La fondation de la Sécurité sociale (ordonnance du 4 octobre 1945), unifiant les caisses d'assurances sociales rendues obligatoires par les lois de 1928-1930. En fait, l'unification ne sera pas complète : certains régimes distincts subsistent (mines), et les caisses d'allocations familiales demeurent autonomes. Les caisses sont administrées par des conseils associant des représentants de l'administration à des représentants des usagers, élus par les salariés à partir de 1946.

Enfin, dans le domaine rural, le statut du fermage (17 octobre 1945) protège les fermiers contre un exercice abusif du droit de reprise par le propriétaire et leur accorde un droit de préemption en cas de vente de la ferme.

La situation économique est désastreuse. Attribuant ses difficultés passées à l'Occupation, l'opinion comprend mal le maintien du rationnement. Les salaires, longtemps bloqués par les Allemands, sont majorés de plus de 50 % à la libération. L'argent abondant et les produits rares renforcent le marché noir. De Gaulle refuse à son ministre de l'Économie, Mendès France, qui démissionne (avril 1945) une ponction sur la masse monétaire par le jeu d'un échange des billets. L'inflation s'installe : de 1944 à 1949, en quatre ans, les prix de détail sont multipliés par 5,7.

Dès septembre 1944, la CGT et le parti communiste lancent une grande « bataille de la production ». Le mot d'ordre est « produire d'abord, revendiquer ensuite ». La grève est « l'arme des trusts » et produire, un « devoir patriotique ». Poursuivie tout au long de 1945, cette politique permet à la production de charbon de retrouver dès 1946 son niveau d'avant-guerre. Mais elle ne suffit pas à combler un retard dont les Français prennent alors conscience. Pour le réduire, le commissariat du Plan est créé (décembre 1945) et le premier commissaire, Jean Monnet, fait adopter en janvier 1947 un premier plan quinquennal de modernisation et d'équipement. On est loin d'une planification à la soviétique, car ce plan est incitatif ou indicatif, et il ne couvre pas l'ensemble de l'économie. Il se limite à six secteurs prioritaires, dont l'énergie et la sidérurgie. Mais le problème du financement reste entier jusqu'au plan Marshall, les prêts américains obtenus en 1945 et 1946 (accords Blum-Byrnes, 28 mai 1946) ayant seulement permis d'importer du blé, du charbon et des produits de première nécessité.

1947, ou le passage du tripartisme à la troisième force

Le premier gouvernement de la IVe République est formé, en janvier 1947, par un socialiste, Ramadier, qui éprouve le besoin de demander, malgré la constitution, un vote de confiance sur la composition de son cabinet, en plus du vote d'investiture, ce qui constituait un retour aux pratiques de la IIIe.

Ce gouvernement, qui comprend quatre ministres communistes, se heurte à un contexte nouveau, caractérisé par :

- la persistance de la pénurie, et donc du marché noir. La production de biens de consommation reste très insuffisante, et les produits alimentaires sont rares, d'autant que la sécheresse de 1947 provoque de très mauvaises récoltes. Il faut rétablir les restrictions. La ration de pain est plus faible encore que pendant l'Occupation. Les prix galopent, et les salaires s'efforcent de les rattraper. Des grèves incessantes éclatent dans tous les secteurs ;
- les débuts de la guerre froide. Entre les Soviétiques et les Occidentaux, les rapports se détériorent (échec de la conférence de Moscou sur les problèmes allemands, mars-avril 1947). En France, les extrêmes marquent leurs distances. Les communistes refusent les crédits militaires pour la guerre d'Indochine (19 mars). Le général de Gaulle sort de sa réserve et fonde le Rassemblement du Peuple français (RPF, discours de Strasbourg, 7 avril).

Dans ce contexte, une grève éclate, le 27 avril, chez Renault. La CGT tente de l'arrêter, puis l'assume. Les communistes la soutiennent et votent contre la politique économique et sociale du gouvernement, y compris les ministres. Ramadier met alors fin à leurs fonctions.

Au cours de l'été, la situation se tend encore. Les Américains lancent un plan d'aide économique à l'Europe (plan Marshall, 5 juin), convaincus que le marasme économique fait le lit du communisme. Les Soviétiques, à qui ce plan est ouvert, refusent d'y participer (mi-juillet). La France l'accepte, pour financer sa modernisation et éviter, dans l'immédiat, une trop vive pénurie.

Les communistes, qui avaient d'abord envisagé de revenir au gouvernement, s'alignent en septembre sur les positions intransigeantes du Kominform qui se crée et oppose, de façon irréductible, le camp du socialisme et celui de l'impérialisme. Ils font alors campagne avec véhémence contre le plan Marshall et le gouvernement qui l'accepte. Les gaullistes mènent une campagne anticommuniste virulente. Aux élections municipales d'octobre, le RPF enlève les mairies des treize plus grandes villes, avec 40 % des voix. Entre les communistes et les gaullistes, le MRP, les radicaux qui se reconstituent et les socialistes qui ont pris pour secrétaire général Guy Mollet*, partisan d'un marxisme sans concession (septembre 1946), forment une majorité de « troisième force ».

Le gouvernement Ramadier se désagrège devant une puissante grève générale, née d'incidents marseillais (12 novembre) et alimentée à la fois par le mécontentement des ouvriers devant la hausse des prix et par la volonté des communistes de faire céder le gouvernement sur le plan Marshall. Le gouvernement de Robert Schuman*, qui lui succède, prend des mesures d'exception, et, malgré des incidents graves dans les mines et les chemins de fer, résiste à la grève qui prend fin le 9 décembre. La CGT éclate alors en deux : la majorité, contrôlée par les communistes, reste à la CGT, tandis qu'avec L. Jouhaux*, la minorité fonde la CGT-Force ouvrière.

Le même scénario se répète un an plus tard, avec une dernière grande grève générale (octobre-novembre). Le gouvernement formé par H. Queuille, le 11 septembre 1948, réussit à durer plus d'un an, s'efforçant de gagner du temps par un immobilisme délibéré qui laissait s'user communistes et gaullistes. Avec ce radical de la IIIe, la IVe République commence à s'installer.

Conclusion : l'aide américaine, la guerre froide et l'Europe

De 1947 à 1951 et au-delà, la politique française est commandée par une contrainte rigoureuse. La priorité est au redressement économique, qui passe par la réalisation du plan d'équipement (plan Monnet). Mais son financement repose sur l'aide américaine. Or la stratégie américaine poursuit l'organisation et le redressement de toute l'Europe occidentale, face à la menace communiste. L'aide à la France est donc subordonnée au respect par elle de deux conditions :

- lutter contre les communistes, et, notamment, les tenir en dehors du gouvernement ;
- accepter le relèvement général et coordonné de toutes les économies européennes, c'est-à-dire une coopération européenne et le redressement économique rapide de l'Allemagne.

La guerre froide renforce ces exigences. En effet, les Soviétiques liquident les partis démocratiques des démocraties populaires, où, désormais, les communistes exercent seuls le pouvoir (« coup de Prague », 24 février 1948), puis ils entament avec les Occidentaux une épreuve de force (blocus de Berlin, 24 juin 1948). En réplique, les Occidentaux signent le traité de l'Atlantique Nord (4 avril 1949), ratifié sans tarder par l'Assemblée nationale (juillet).

Dans ces conditions, pour empêcher l'Allemagne de tourner une nouvelle fois contre la France la puissance économique qu'elle reconstruit, naît l'idée de l'intégration européenne. Imaginé par J. Monnet, le plan Schuman* (9 mai 1950) aboutit à la création de la Communauté européenne du charbon et de l'acier (traité du 18 avril 1951), tandis que l'organisation européenne de coopération économique (future OCDE), chargée de répartir les crédits Marshall, crée l'union européenne des paiements (1950).

Quand éclate la guerre de Corée (25 juin 1950), le réarmement devient plus urgent que l'intégration européenne. Pour éviter la reconstitution d'une armée allemande autonome, le plan Pleven (24 octobre) imagine d'intégrer des contingents allemands dans une communauté européenne de défense : la CED. Bien évidemment, l'ensemble des troupes européennes serait intégré à l'OTAN, et donc placé sous l'autorité suprême d'un Américain. D'ailleurs, en décembre 1950, le général Eisenhower, ancien commandant en chef des armées alliées pendant la guerre, est nommé commandant suprême en Europe.

Faute d'avoir les moyens économiques de son indépendance, la France, que la guerre froide rejette dans le camp atlantique, cherche par l'intégration européenne à neutraliser le risque d'une revanche allemande et, à plus long terme, à équilibrer la puissance des deux grands par celle d'une Europe supranationale qu'elle ne contrôlerait pas, mais qu'elle influencerait. Au temps des deux blocs affrontés, l'Europe est un projet ambigu : docile aux Américains et pourtant virtuellement rivale de leur puissance.

Chapitre 5

La décolonisation et la naissance de la Ve République

Repères chronologiques

1943 Manifeste du peuple algérien (Ferhat Abbas, 10 février).

1945 Massacres de Guelma et Sétif (8 mai)

1946 Accords Sainteny-Ho Chi Minh (6 mars)
Loi accordant aux Africains la citoyenneté et l'égalité des droits (7 mai)
Bombardement de Haïphong (23 novembre)

1947 Tentative d'insurrection et répression sanglante à Madagascar (29 mars)
Statut de l'Algérie (août)

1948 Accord entre la France et l'empereur Bao-Daï (baie d'Along, 5 juin)

1949 Proclamation de la république populaire de Chine (1er octobre)

1950 Guerre de Corée (25 juin)

1951 Élections législatives (17 juin)
Lois Marie et Barangé d'aide aux écoles libres (21 septembre)

1952 Émeutes à Bizerte et ratissage du cap Bon (janvier)
Formation du gouvernement Pinay (6 mars)
Assassinat de Ferhat Hached en Tunisie et émeutes au Maroc (décembre)

1953 Déposition du sultan Mohammed V (20 août)

1954 Conférence de Genève (26 avril)
Chute de Diên Biên Phû (7 mai)
Formation du gouvernement Mendès France (18 juin)
Accords de Genève. Paix au Vietnam (21 juillet)
Déclaration de Carthage (31 juillet)
Rejet de la CED par la Chambre des députés (30 août)
Attentats dans les Aurès et début de l'insurrection algérienne (1er novembre)

1955 Chute du gouvernement Mendès France (2 février). Formation du gouvernement Edgar Faure
Accords de La Celle-Saint-Cloud et retour au Maroc du sultan Mohammed V (novembre)
Chute du gouvernement E. Faure et dissolution de la Chambre (2 décembre)

1956 Victoire du Front républicain et vague poujadiste aux élections législatives (2 janvier). Gouvernement Guy Mollet
Guy Mollet cède devant une manifestation des Algérois (6 février)
Pouvoirs spéciaux en Algérie (12 mars) et rappel des réservistes (avril)
Loi-cadre sur l'Afrique noire (juin)
Des militaires arraisonnent l'avion de Ben Bella (22 octobre)
Expédition de Suez (5-6 novembre)

1957 L'armée reçoit les pleins pouvoirs à Alger (7 janvier)
Traité de Rome, instituant le Marché commun (25 mars)

1958 Bombardement de Sakhiet Sidi Youssef (8 janvier)
Investiture de Pflimlin, émeute à Alger, prise du gouvernement général et formation du comité de salut public (13 mai)
Le général de Gaulle, président du Conseil (1er juin), obtient les pleins pouvoirs (2 juin)
Formation du GPRA au Caire (19 septembre)
Approbation de la constitution de la Ve République par référendum (28 septembre)
Victoire des modérés et de l'UNR aux élections législatives (23-30 novembre)
Dévaluation et naissance du Franc lourd, (mesures Pinay-Rueff, 28 décembre)

1959 La France entre dans le Marché commun (1er janvier)
Formation du gouvernement Debré (8 janvier)
Discours de De Gaulle sur l'autodétermination en Algérie (16 septembre)

1960 Barricades d'Alger (24 janvier)
Indépendance des États africains et de Madagascar

1961 Référendum favorable à l'autodétermination en Algérie (8 janvier)
Pourparlers d'Évian, entre le GPRA et la France (avril)
Putsch des généraux en Algérie (22-25 avril)

1962 Accords d'Évian (18 mars), approuvés par référendum (8 avril)
Formation du gouvernement Pompidou (avril)
Adoption par référendum de la révision constitutionnelle (élection du président de la République au suffrage universel, 28 octobre)
Élections législatives (18-25 novembre)

1965 Après un ballottage, victoire de De Gaulle sur Mitterrand au second tour des élections présidentielles (5-19 décembre) ■

La décolonisation est un phénomène mondial, irréversible et décisif. Il fait apparaître sur la scène internationale un nouveau partenaire : le Tiers Monde.

La IVe République a été confrontée à cette évolution, et elle est morte de n'avoir su y faire face. Plusieurs traits définissent son attitude devant la décolonisation :

1. Le problème n'est jamais posé dans son ensemble. Les hommes de la IVe ont traité, au jour le jour, un à un, des problèmes qu'ils jugeaient locaux et ponctuels. Pour eux, les grands problèmes politiques étaient ailleurs : le redressement économique, le réarmement allemand, l'intégration européenne.
2. Le statut des colonies n'est jamais envisagé comme devant faire l'objet d'une négociation avec les intéressés. La France détermine souverainement sa politique, dans le cadre d'une Union française qu'elle a définie de façon unilatérale, et qu'elle affirme intangible. Les réformes sont octroyées, non discutées. Pour les hommes politiques de la IVe, élevés dans la mystique impériale de l'entre-deux-guerres (exposition coloniale de 1931) et marqués par la lâcheté française face à l'Allemagne hitlérienne, agir autrement semblerait un inconcevable « abandon ».
3. Entre les intentions, souvent généreuses, des gouvernements, et la politique effectivement suivie sur le terrain, l'écart est généralement très large. L'incapacité des gouvernements à faire respecter leurs consignes par les exécutants, leur impuissance à se faire obéir, pèsera très lourd dans l'évolution.

La situation en 1950-1951

L'Indochine

La situation à la Libération est relativement favorable à une négociation, quoique l'occupation japonaise ait porté un coup sensible au prestige de la France. Les nationalistes et les communistes vietnamiens redoutaient l'emprise des nationalistes chinois (soutenus par les Américains) et auraient pu s'appuyer sur la France contre eux. Ho Chi Minh, qui a fait ses études en France et milité au parti socialiste (il assistait au congrès de Tours) signe avec Sainteny, commissaire du GPRF, les accords du 6 mars 1946 : le Vietnam, État libre dans la fédération indochinoise (avec Laos et Cambodge), dans le cadre de l'Union française.

En fait, deux points essentiels ne sont pas clarifiés :

- l'union des 3 Ky : Tonkin, Annam et Cochinchine. C'est une revendication essentielle des nationalistes. Mais certains milieux financiers puissants veulent opposer la « bonne » Cochinchine au Nord, trop favorable aux communistes ;
- un État libre, qu'est-ce que c'est : indépendance ou autonomie ? Pour les Français, l'indépendance est exclue, même assortie d'une structure fédérative comme l'Union française, car elle signifierait une Union française dont on ne ferait pas ce qu'on veut. Pour les nationalistes, l'autonomie est tout au plus une formule transitoire, une étape intermédiaire.

Les accords Sainteny-Ho Chi Minh à peine signés, l'amiral Thierry d'Argenlieu, haut-commissaire en Indochine, suscite une république cochinchinoise autonome et cherche l'occasion de donner une « bonne leçon » à Ho Chi Minh. C'est le bombardement de Haïphong (23 novembre 1946), qui déclenche une guérilla sanglante. Au cours de l'été 1947, Ho Chi Minh cherche un compromis et remanie son gouvernement, en éliminant les extrémistes (3 communistes seulement dans ce gouvernement). Mais le gouvernement français choisit de négocier, non avec lui, mais avec l'empereur d'Annam, Bao-Daï. En décembre 1947, puis le 5 juin 1948 (accords de la baie d'Along), la France reconnaît l'indépendance du Vietnam et l'unité des trois Ky, tandis que Bao-Daï accepte l'Union française.

Ces concessions sont purement verbales. Bao-Daï, qui le comprend, vient en France pour tenter d'obtenir des garanties sérieuses. Il n'obtient rien avant septembre 1949, date à laquelle il revient au Vietnam.

L'immobilisme du gouvernement Queuille a alors ressoudé derrière Ho Chi Minh le mouvement nationaliste vietnamien. La révolution chinoise de Mao Zedong est en train de triompher (1er octobre 1949, proclamation de la République populaire chinoise). La République populaire du Vietnam est reconnue par la Chine populaire, et bientôt par l'URSS (janvier 1950). En juin 1950, débute la guerre de Corée. Les Américains commencent alors à aider militairement la France à faire la guerre en Indochine.

Cette guerre est menée par un corps expéditionnaire qui comprend de nombreuses troupes coloniales (tirailleurs marocains, algériens, tunisiens, sénégalais), à côté de troupes proprement vietnamiennes. Le contingent n'est pas engagé. La situation militaire évolue favorablement sous le commandement de De Lattre (1951), mais ne peut ensuite que se dégrader du fait de l'aide chinoise. Cette guerre est en outre marquée par de nombreux scandales (trafic des piastres : la piastre vaut officiellement 17 francs, mais on l'achète pour 7 à 8 francs. C'est 10 francs de bénéfice pour ceux qui peuvent la changer au cours officiel, réglementé).

L'Afrique du Nord

La situation est très différente en Algérie, en Tunisie et au Maroc. La population européenne est d'abord d'importance très inégale. En Algérie, un million d'Européens, en face de 9 à 10 millions de musulmans. Au Maroc, 200 000 Français, d'implantation récente, sur 9 millions d'habitants environ, mais de grands domaines agricoles (oranges) aux mains des colons, ainsi que le commerce et l'industrie en plein essor (Casablanca : plus de 600 000 hab.). En Tunisie, une population moins nombreuse (un peu moins de 4 millions), où la minorité européenne comprend presque autant d'Italiens que de Français. La colonisation agricole est limitée à quelques grands domaines.

Les différences juridiques sont capitales. En Tunisie et au Maroc, subsiste en droit un État indépendant (possibilité de saisir l'ONU), avec un souverain musulman légitime : le bey en Tunisie, le sultan Mohammed ben Youssef au Maroc. Ces chefs d'État exercent en principe le pouvoir et nomment les ministres. Auprès d'eux, un résident général représente la France. En fait les Français administrent directement ces pays et ils dirigent notamment les finances et la police. Mais le souverain légitime constitue un interlocuteur désigné.

L'Algérie forme au contraire trois départements français. Le statut adopté par l'Assemblée le 27 août 1947 dote ces départements d'un régime particulier. Le gouvernement est représenté en Algérie, non par un préfet, mais par un gouverneur général, aux pouvoirs beaucoup plus larges. À côté de lui, une Assemblée algérienne vote le budget. Ses 120 membres sont élus en deux moitiés égales par deux collèges distincts, européen et musulman. Les colons ont fait écarter le collège unique. Ils défendent l'assimilation, mais refusent l'égalité des droits qui les mettrait en minorité.

Politiquement, tous ces pays ont des mouvements nationalistes. Le plus ancien est le Néo-Destour tunisien (Bourguiba), solidement implanté dans la bourgeoisie marchande et lettrée, et qui dispose de véritables élites politiques. Il est soutenu par un syndicat ouvrier puissant, mais distinct, l'UGTT Au Maroc, l'Istiqlal est plus récent (1943) et il touche surtout des citadins, notamment le prolétariat industriel des villes en plein boom économique. Dans les campagnes, les structures tribales restent vivaces. En Algérie, les mouvements musulmans ont été longtemps modérés. Messali Hadj a commencé en 1926 à organiser les travailleurs algériens en France, tandis qu'en 1936 encore, un homme comme Ferhat Abbas ne croyait pas en la patrie algérienne. Mais l'incompréhension a provoqué une radicalisation progressive. Le manifeste du peuple algérien (10 février 1943, Ferhat Abbas) réclame une constitution et un gouvernement algériens. La célébration de la victoire de 1945 donne lieu à des incidents violents, réprimés dans le sang (8 000 morts à Sétif et Guelma, 8-10 mai 1945). L'Union démocratique du manifeste algérien (UDMA), qui a quelques députés à l'Assemblée nationale, ne prend pas part au débat sur le statut de l'Algérie, ainsi octroyé par la France sans négociation avec les élus musulmans. L'administration se charge d'ailleurs par la suite d'éviter que les élus musulmans ne puissent poser des problèmes : sous le gouverneur général Naegelen (socialiste) les élections de 1948 à l'Assemblée algérienne, et celles de 1951 à l'Assemblée nationale sont truquées sur une très large échelle. Le nationalisme algérien, qui n'a pas de chef traditionnel, perd ainsi toute chance de s'exprimer dans des formes légales et de constituer, dans une vie politique publique, des cadres reconnus.

L'Afrique noire

La situation y est moins grave, pour plusieurs raisons :

- La colonisation est moins présente : faiblesse de la population européenne, comme de l'exploitation directe du sol.
- Le développement est moins avancé, l'élite instruite moins nombreuse. D'autre part, l'unité des territoires est sans bases réelles, dans une population marquée par la persistance des structures tribales.
- Des réformes ont été accomplies : le statut de l'indigénat, qui permettait aux administrateurs de punir les indigènes, sans intervention de la justice,

a été aboli en décembre 1945. La loi du 7 mai 1946 a accordé aux Africains la citoyenneté et l'égalité des droits. Quelques députés représentent l'AOF, l'AEF et Madagascar à l'Assemblée nationale.
- Les mouvements nationalistes sont récents et mal implantés. Le RDA (Rassemblement démocratique africain, Houphouët Boigny), fondé à Bamako en octobre 1946, d'abord proche du parti communiste, laisse en dehors de lui des députés locaux influents (Senghor), qui forment le groupe des indépendants d'outre-mer. Les uns et les autres attachent de l'importance au maintien de liens avec la France pour développer leur pays.

Malgré ces facteurs favorables, le problème de la décolonisation se pose là aussi. Il est particulièrement vif à Madagascar, où la suppression du travail forcé (service de la main-d'œuvre et des travaux d'intérêt général) et l'influence grandissante du mouvement démocratique de la rénovation malgache (MDRM) inquiètent les colons. Contre le MDRM, implanté notamment parmi les Hovas des Hauts-Plateaux, l'administration organise les populations des régions côtières et multiplie les tracasseries. Des nationalistes non organisés massacrent 140 colons (nuit du 29 au 30 mars 1947). Une répression très dure s'en suivit, qui fit 7 à 8 000 morts, non compris les insurgés morts de faim ou de maladie dans les zones où ils s'étaient réfugiés.

En Afrique, le RDA inquiète assez l'administration pour qu'elle emprisonne ses dirigeants, en février 1949. Au début de 1950, en Côte-d'Ivoire, des émeutes éclatent pour demander leur libération. Mais rien de comparable aux troubles qui secouent le Maghreb, ou à la guerre d'Indochine.

La IVe République, l'Indochine, la Tunisie et le Maroc

L'éclatement de la troisième force et l'avènement des modérés

Les communistes et les gaullistes menaçaient de submerger la troisième force, aux élections du 17 juin 1951, si elles s'étaient déroulées à la stricte proportionnelle. Pour éviter ce désastre, la majorité au pouvoir inventa donc le système des apparentements : tout en se présentant de façon distincte (donc sans accord sur un programme de gouvernement), certaines listes pouvaient s'apparenter. Si, réunies, elles étaient majoritaires, elles se partageaient la totalité des sièges.

Ce système électoral donna une représentation parlementaire de force voisine aux six principales formations politiques : 106 socialistes, 88 MRP, 99 radicaux et assimilés, 99 modérés (indépendants et paysans), et seulement 101 communistes et 117 RPF, bien qu'ils aient réuni respectivement 25,9 et 20,4 % des voix, se plaçant ainsi loin devant leurs concurrents.

Dans cette chambre « hexagonale », aucune majorité stable n'existait. De fait, la troisième force éclate aussitôt sur la question scolaire. Le MRP ne peut résister à la surenchère du RPF et des modérés, et il vote avec eux les lois Marie et Barangé (21 septembre 1951), qui assurent une aide de l'État aux écoles libres. Une partie des radicaux, la SFIO et le PCF constituent la minorité laïque.

La majorité de droite ainsi formée n'est pas totalement cohérente. En matière sociale, en effet, une partie des radicaux laïques votent avec les modérés, tandis que le MRP et une partie du RPF votent avec la gauche. Sur la politique européenne et allemande, les clivages sont encore différents. Les radicaux et une partie de la SFIO rejoignent la majorité, tandis que le RPF s'allie aux communistes dans un strict refus de tout ce qui menacerait l'indépendance nationale.

En matière économique, pourtant, la majorité modérée bénéficie de la rupture durable entre MRP et SFIO On le voit en 1952, avec le gouvernement de M. Pinay*, qui avait appartenu au Conseil national de Vichy. M. Pinay se présente comme un Français moyen, et il devient vite populaire. D'autre part, le patronat lui fait confiance. Il lance un emprunt indexé sur l'or qui fait d'autant mieux rentrer les capitaux placés à l'étranger qu'il est assorti d'une amnistie fiscale. Jointe à la fin de la guerre de Corée, qui fait baisser les prix mondiaux des matières premières, cette confiance explique la fin – provisoire – de l'inflation : pour la première fois depuis 1935, les prix baissent.

Avec l'aide aux écoles libres et la politique économique, la politique coloniale est le ciment de cette majorité. Ce n'est pas une politique libérale. Les MRP en font leur domaine réservé, et ils suivent l'avis des fonctionnaires locaux et des militaires, hostiles à toute évolution vers l'autonomie, soucieux de consolider l'administration directe et partisans de la fermeté, voire de la répression.

La politique de fermeté en Tunisie et au Maroc

En Tunisie, après des déclarations publiques admettant l'indépendance comme objectif ultime (1950) et des décrets moins ambitieux, mais qui amorçaient la disparition de l'administration directe (février 1951), la pression des colons conduit à un revirement de politique. La France refuse les projets du gouvernement tunisien et revendique une co-souveraineté sur la Tunisie. Le gouvernement tunisien saisit l'ONU. Des émeutes éclatent à Bizerte (janvier 1952). Le résident général fait arrêter Bourguiba et les leaders du Néo-Destour. L'UGTT déclenche une grève générale. En réplique, la légion étrangère ratisse le cap Bon : viols, pillages et meurtres. Le résident exige du bey la démission du gouvernement, auquel participait le Néo-Destour. Le bey n'obéissant pas, le résident fait arrêter le Premier ministre et trois autres ministres (25 mars 1952). Une vague d'arrestations déferle sur tout le pays. Les nationalistes prennent le maquis (ils deviennent des « fellaghas ») et leur terrorisme affronte le terrorisme d'organisations secrètes européennes (la Main Rouge). En décembre, le secrétaire de l'UGTT, Ferhat Hached, est assassiné par la Main Rouge, avec la complicité de la police. Le bey refuse de collaborer désormais avec le résident général et engage une grève du sceau.

Au Maroc, l'agitation tunisienne est contagieuse. Des émeutes éclatent à Casablanca, en décembre 1952, à la nouvelle de l'assassinat de Ferhat Hached.

Le résident général dissout alors l'Istiqlal et arrête ses chefs. Les colons et l'administration, hostiles au sultan, misent sur la persistance des structures féodales et la force de chefs locaux qui acceptent mal d'être soumis au sultan. Ils soutiennent et favorisent l'entreprise du Glaoui, pacha de Marrakech, qui prend la tête d'un mouvement d'opposition antidynastique et fait proclamer un nouveau chef religieux du Maroc, Ben Arafa (15 août 1953). Le résident général dépose alors le sultan Mohammed V et le remplace par Ben Arafa (20 août), mais il apparaît vite que celui-ci n'a aucune autorité. Le terrorisme anti-européen et la répression policière se développent.

Diên Biên Phû, Mendès France et la fin de la guerre d'Indochine

En Indochine, la guerre continuait. L'indifférence de l'opinion française était à peine troublée par l'opposition déclarée des communistes et leur campagne pour la libération d'un jeune marin, Henri Martin, condamné à cinq ans de prison pour avoir distribué des tracts contre cette « sale guerre ». Seul ou presque, dans les milieux politiques, le radical Pierre Mendès France*, connu pour sa compétence et sa rigueur en matière financière – il avait été ministre de Blum et de De Gaulle – affirmait sans ambages la nécessité de terminer au plus tôt une guerre qui interdisait tout redressement économique durable.

Dans l'hiver 1953-1954, le commandement français décida de mener une bataille d'arrêt contre le Viêt Minh, et il installa le camp retranché de Diên Biên Phû. Cependant, la pression internationale poussait à un règlement diplomatique, et une conférence se réunit à Genève, le 26 avril 1954, pour discuter avec la Chine communiste de la Corée et de l'Indochine.

Le Viêt Minh ne peut accepter de recevoir la paix des quatre grands, et de tomber dans la dépendance de la Chine ou de la Russie. Il fait donc de Diên Biên Phû une bataille décisive, pour que la paix résulte de son propre succès militaire, et non de l'appui de ses protecteurs. Le 7 mai, le camp retranché tombe. Cette incontestable défaite militaire impressionne l'opinion française. Le 12 juin, le gouvernement Laniel, dont le ministre des Affaires étrangères, G. Bidault*, négocie à Genève tout en tentant d'internationaliser la guerre en faisant intervenir les États-Unis, finit par être renversé par une assemblée lasse de tant de tergiversations.

Pierre Mendès France* s'impose alors. Il est investi le 18 juin, et prend l'engagement de faire la paix avec le Viêt Minh dans un délai de six semaines. Sinon, il faudra faire vraiment la guerre et envoyer le contingent en Indochine. Cette dramatisation, habile dans une négociation de la part d'un interlocuteur en position de faiblesse, aboutit à la signature, dans la nuit du 20 au 21 juillet 1954, des accords de Genève.

L'Indochine est divisée en deux par le 17e parallèle. Au Nord, le Viêt Minh a les mains libres. Au Sud, des élections libres doivent être organisées en 1956, pour permettre le choix d'un régime et la réunification des trois Ky. Mais le Sud passe sous l'influence des Américains, et ces élections n'auront jamais lieu.

L'expérience Mendès France et son échec

À peine l'affaire indochinoise réglée, Mendès France* s'envole pour Tunis, emmenant avec lui deux partisans connus de la présence française en Afrique du Nord, le maréchal Juin et le ministre des Affaires marocaines et tunisiennes, Christian Fouchet. Le 31 juillet, dans sa déclaration de Carthage, il affirme la souveraineté interne de la Tunisie. Un nouveau gouvernement est formé, qui comprend quatre membres du Néo-Destour. Les fellaghas rendent leurs armes. Des négociations aboutiront à l'autonomie interne et au retour de Bourguiba, en mai-juin 1955. Pris de court, les colons n'ont pu s'opposer à cette politique, et la décolonisation s'effectue sans violence.

Mendès France entreprend alors de régler la question de la CED Le traité instituant la CED avait été signé par le gouvernement Pinay, en 1952, mais il n'avait jamais été soumis à la Chambre pour ratification. La majorité étant divisée sur cette question, en raison de l'hostilité des gaullistes, les gouvernements successifs avaient évité de s'engager dans un débat où ils risquaient de sombrer. La polémique ainsi entretenue autour de la CED empoisonnait la vie politique.

Mendès France tente d'abord d'améliorer le traité, mais les alliés, encouragés par d'anciens ministres MRP, s'y refusent. Sans engager le gouvernement, il le soumet alors au Parlement, qui rejette la CED le 30 août. En octobre, par les accords de Londres et de Paris, l'Allemagne redevient totalement souveraine, entre à l'OTAN et forme une armée. Le MRP, qui reprochait déjà à Mendès France d'avoir réussi là où Bidault échouait, ne lui pardonnera jamais l'échec de la CED.

À l'automne, Mendès France jouit d'une grande popularité, au point que le congrès radical le porte à la présidence du parti, avec l'appui d'Herriot. Ce succès est mérité : celui que la presse appelle souvent PMF a désembourbé la République. On approuve sa méthode : prendre les problèmes un à un et les régler, en respectant un calendrier. On reconnaît sa rigueur. On aime son style et son refus des combinaisons politiciennes : il ne dose pas les portefeuilles entre les partis ; il choisit des hommes, et il remanie à plusieurs reprises son gouvernement. Parmi ses ministres, des hommes d'avenir : Chaban-Delmas*, Christian Fouchet, François Mitterrand* (Intérieur), Edgar Faure* (Finances).

Pourtant, l'expérience Mendès France suscite de fortes résistances :

- Entouré d'une équipe brillante de jeunes technocrates (S. Nora, F. Bloch-Lainé, E. Hirsch, V. Giscard d'Estaing*, P. Delouvrier), il lutte contre certains archaïsmes économiques (privilèges des bouilleurs de cru, avantages des betteraviers), mécontentant des intérêts puissants. Le patronat redoute qu'il ne pratique un dirigisme des investissements. Quand il annonce, fin janvier 1955, son intention de prendre les Finances, E. Faure* passant aux Affaires étrangères, les intérêts menacés se mobilisent.
- Les parlementaires ne pardonnent pas à Mendès France son autorité personnelle. Soutenu par un nouveau journal d'opinion hebdomadaire, *L'Express*, où écrivent par exemple Mauriac et Camus, un courant « mendésiste » se dessine, notamment parmi les jeunes. Mendès lui-même s'adresse chaque semaine au pays, dans des « causeries au coin du feu » radiodiffusées. Comme

ses ministres sont ses collaborateurs, et non des représentants des partis au gouvernement, les appareils politiques se sentent dépossédés. Dans le strict respect des institutions, mais en rupture avec les habitudes du régime, l'exécutif se personnalise et devient efficace. Les députés se sentent menacés.

– Surtout, la manière dont le gouvernement envisage de répondre à l'insurrection algérienne inquiète la droite favorable aux colons. Le 1er novembre 1954, en effet, des attentats dans les Aurès ont marqué le début d'une insurrection, animée par des hommes nouveaux, inconnus, sans fonction politique officielle, comme Ben Bella, un ancien sous-officier de l'armée française. Le gouvernement envoie d'abord des renforts et affirme que l'Algérie est française, mais il nomme gouverneur général un gaulliste libéral, Jacques Soustelle, et ses projets inquiètent.

La conjonction de ces oppositions aboutit à la chute de Mendès France, au terme d'un débat sur la politique algérienne. L'attaque est menée par le député radical de Constantine, René Mayer, mais le MRP et les communistes se joignent à la droite pour lui refuser la confiance par 319 voix contre 273 le 5 février 1955. Un incident révèle l'ampleur des haines qu'il s'était attirées. Après la proclamation des résultats du scrutin, il demanda la parole, et, l'ayant obtenue, entreprit une sorte de discours d'adieu. Ce fut un vaste tumulte : l'assemblée se déchaîna pour empêcher de parler Mendès France, qui quitta la salle sous les huées. L'homme était trop dangereux pour qu'on le laissât s'adresser une dernière fois au pays, par-delà les députés.

La fin de la IVe République

Les élections de 1956

E. Faure* succède à Mendès France qui ne le lui pardonne pas. Au Maroc, après des attentats (massacres d'Oued Zem, 20 août 1955) qui provoquent la démission du résident général dont le plan de réforme n'avait pas été accepté, E. Faure négocie avec toutes les tendances politiques. Le sultan Ben Arafa renonce à tous ses droits. Les négociations de La Celle-Saint-Cloud, avec le sultan Mohammed V, rappelé d'exil, aboutissent à « l'indépendance dans l'interdépendance » (6 novembre 1955). Mohammed V rentre au Maroc. L'indépendance sera reconnue définitivement le 2 mars 1956.

En Algérie, le Front de libération nationale (FLN) ne prend pas la suite des anciens mouvements nationalistes. Il en admet, avec réticence, les anciens cadres politiques et se renforce. Les attentats se multiplient, notamment après le 20 août. Des décisions s'imposent, qu'une assemblée en fin de mandat ne peut prendre. E. Faure songe à avancer les élections. L'assemblée le lui permet, en lui refusant la confiance ; deux crises ministérielles à la majorité absolue s'étant produites en moins de 18 mois, la dissolution est possible. E. Faure la prononce, le 2 décembre 1955.

Les radicaux mendésistes voient dans la dissolution une manœuvre qui ne laisse pas à leur influence le temps de s'épanouir. Avec les socialistes, ils dénoncent en elle une sorte de coup d'État. Mais la campagne tourne court ; l'opinion, lasse des jeux parlementaires, approuve E. Faure de faire arbitrer le débat par les électeurs : c'est à eux de dire s'ils veulent la paix ou la guerre en Algérie.

Les élections du 2 janvier 1956 ont lieu suivant la même loi électorale que celles de 1951, mais, la troisième force ayant éclaté, les apparentements ont moins d'importance. D'un côté, les modérés et le MRP, de l'autre le Front républicain, qui regroupe mendésistes et socialistes. Exclus du parti radical, E. Faure et ses amis ont rejoint la droite.

Moins défavorisé qu'en 1951, le PCF obtient 150 députés. Les républicains sociaux (anciens gaullistes) s'effondrent dans l'opinion et reviennent à 21 seulement. Avec 95 SFIO et 91 radicaux, le Front républicain gagne de peu les élections, face à 95 modérés et 83 MRP La grosse surprise est l'élection de 50 poujadistes. Ce mouvement de défense des petits commerçants avait mené une campagne très « Algérie française » et très antiparlementaire (« sortez les sortants »).

Le gouvernement Guy Mollet

René Coty, qui a remplacé V. Auriol* à la présidence de la République en décembre 1953, demande à Guy Mollet*, secrétaire général de la SFIO depuis 1946, de former le gouvernement, plutôt qu'à Mendès France, la SFIO ayant plus de députés que les radicaux. Guy Mollet forme donc le gouvernement, Mendès France étant ministre d'État.

Le Front républicain avait fait campagne pour la paix en Algérie. Guy Mollet remplace donc J. Soustelle, devenu très hostile aux libéraux, par le général Catroux, réputé favorable aux musulmans. Puis il se rend à Alger, mais, au lieu de brusquer son voyage comme le lui conseillait Mendès France, il laisse aux colons le temps de lui organiser une réception : le 6 février 1956, une foule hostile l'accueille à coups de tomates. Plutôt que de faire donner le service d'ordre, Guy Mollet cède : il n'y aura pas un gouverneur général, mais un ministre résidant en Algérie. Catroux abandonné, Robert Lacoste s'installe à Alger.

Guy Mollet refuse de négocier avec ceux qui se battent (« des assassins »). Il veut des interlocuteurs qualifiés, et donc des élections pour les désigner. Mais impossible de faire des élections tant qu'on se bat : la pacification, c'est-à-dire la guerre au FLN, devient ainsi un préalable absolu. La politique résumée par le triptyque : « pacification, élections, négociation », c'est d'abord l'intensification de la guerre : vote des pouvoirs spéciaux (12 mars), rappel des réservistes (avril), dissolution de l'Assemblée algérienne dont les élus musulmans ont démissionné, envoi du contingent en Algérie. En mai, Mendès France, qui désapprouve cette politique, quitte le gouvernement.

En Algérie, R. Lacoste subit l'influence des colons et des militaires, dont il couvre les initiatives, même malheureuses. C'est ainsi que, le 22 octobre 1956, l'avion transportant de Rabat à Tunis les 5 chefs du FLN dont Ben Bella, est arraisonné par des avions de chasse français et obligé d'atterrir à Alger, en violation du droit international. Les leaders du FLN sont arrêtés.

Cependant, malgré la répression qui s'intensifie, les fellaghas se renforcent sur le terrain. Plutôt que d'expliquer ces succès par le soutien des populations musulmanes, les colons et la presse de droite accusent l'aide de l'étranger, et notamment de la Tunisie et de l'Égypte, où le FLN s'est installé. On veut croire que, privé de ces appuis extérieurs, le FLN s'effondrerait.

D'où l'expédition de Suez. L'Égypte avait nationalisé le canal de Suez le 26 juillet 1956. Le 30 octobre, la France et l'Angleterre lui adressent un ultimatum inacceptable (installation de troupes franco-britanniques sur le territoire égyptien), sous prétexte de garantir la libre circulation dans le canal de Suez. L'ultimatum refusé, Israël attaque l'Égypte, avec l'appui des Français et des Anglais, qui lâchent des parachutistes sur Port-Saïd le 5 novembre. Mais, le 6, la pression des Américains et un ultimatum des Soviétiques contraignent les Français et les Anglais à cesser leur intervention.

Cette reculade aigrit encore l'armée, tandis que le FLN se durcit, les leaders arrêtés étant parmi les plus conciliants. Le terrorisme se déchaîne à Alger. Pour l'enrayer, les pleins pouvoirs sont confiés à Alger au général Massu, commandant la 10e division parachutiste (7 janvier 1957). Les paras arrêtent et torturent (affaire Audin). En avril, l'opposition métropolitaine, où Mauriac joue un grand rôle, obtient la nomination d'une commission d'enquête sur les abus de la répression.

À l'actif du gouvernement Guy Mollet, deux mesures :

- La création du fonds national de solidarité, alimenté par un impôt spécial sur les véhicules automobiles, la « vignette », et qui garantit à tous les vieux un « minimum vieillesse ». Ce fonds est pourtant l'une des causes de l'inflation qui reprend.
- La loi-cadre sur l'Afrique noire, adoptée en juin 1956 sous l'impulsion du ministre de la France d'Outre-Mer, G. Defferre. Aussitôt appliquée, cette loi permet la décolonisation progressive de l'Afrique noire. Dès mars 1957, de nouvelles assemblées territoriales sont élues au suffrage universel et au collège unique à Madagascar, en AOF et en AEF.

La crise du 13 mai 1958

Guy Mollet* renversé en mai 1957, sa politique algérienne se poursuit, et le socialiste R. Lacoste reste ministre résidant en Algérie sous les deux ministères qui lui succèdent.

La lutte contre les fellaghas enregistre quelques succès, grâce à la mise en place de barrages électrifiés aux frontières du Maroc et de la Tunisie. Mais l'armée, de plus en plus forte (400 000 hommes), a de plus en plus de pouvoirs.

Le 8 janvier 1958, l'aviation française, invoquant le « droit de suite », bombarde le village tunisien de Sakhiet Sidi Youssef. Au lieu d'un camp d'entraînement fellagha, ses bombes trouvent une école et un marché. Les quotidiens du monde entier publient les photos des civils et des enfants tués par l'aviation française. Bourguiba, qui préside la république tunisienne depuis sa proclamation en juillet 1957, exige l'évacuation immédiate de toutes les troupes françaises en Tunisie, et notamment de la base de Bizerte. Le gouvernement français est obligé d'accepter les bons offices que lui proposent l'Angleterre et les États-Unis. Il ne désavoue pas les militaires responsables du bombardement, bien qu'ils aient agi en contradiction formelle des ordres reçus.

Dans ce contexte, la crise ministérielle ouverte le 15 avril 1958 semble insoluble, car la SFIO compromise dans la guerre d'Algérie par la présence à Alger de R. Lacoste, refuse désormais toute participation ministérielle pour être sûre que Lacoste quittera Alger. Finalement, le 13 mai, un MRP, P. Pflimlin, sollicite l'investiture. Il a la réputation de savoir se faire obéir, d'être hostile aux tortures et favorable à une négociation.

L'opinion algérienne sent qu'il y a là un tournant. L'agitation, latente depuis le début de la crise, tourne à l'émeute. Le gouvernement général est occupé par la foule. Un comité de salut public est constitué. Le général Massu en prend la présidence, et, dans un télégramme radiodiffusé vers 10 heures du soir, exige la constitution d'un gouvernement de salut public, seul capable de maintenir l'Algérie partie intégrante de la République française.

La crise qui se déroule met en jeu quatre acteurs :

1. En Algérie, les colons et l'armée veulent en finir avec les traîtres de l'intérieur et les politiciens favorables à la politique d'abandon, voire avec les libertés démocratiques (la presse qui dénonce les tortures). Ils préparent la prise du pouvoir par les armes en métropole et dressent les plans d'une opération parachutée sur la capitale. La prise de la Corse, le 24 mai, paraîtra la première étape de ce plan.
2. Le général de Gaulle* utilise cette menace pour revenir au pouvoir, mais il entend rester dans la légalité. Pour forcer la main aux députés, il laisse donc grandir la menace militaire, sans la désavouer, mais il en empêche la réalisation. Par un usage habile des médias (communiqués et conférence de presse), il apparaît comme la seule issue pacifique et légale à la crise.
3. Les députés et les partis sont hostiles à de Gaulle, mais comme ils ne réussissent pas à reprendre le contrôle de la situation, de Gaulle leur apparaît progressivement comme le moindre mal.
4. L'opinion métropolitaine ne veut pas des parachutistes au pouvoir. Mais elle n'a pas envie de se battre pour défendre la IVe, largement discréditée. Autorisée par le gouvernement, la manifestation du 28 mai est plus hostile aux paras qu'à de Gaulle.

Le 1er juin, l'Assemblée investit le général de Gaulle comme président du conseil, dans les formes légales, par 309 voix contre 224, dont celles de MM. Mendès France* et Mitterrand*. Le 2 juin, elle accorde au nouveau gouvernement les pleins pouvoirs, et notamment celui de préparer une nouvelle constitution, qui devra être approuvée par référendum.

Les débuts de la Ve République et la paix en Algérie

La naissance de la Ve République

De Gaulle donne la priorité aux institutions. Présentée le 4 septembre, la nouvelle constitution est adoptée à une écrasante majorité au référendum du 28 septembre (oui = 79,25 %). Elle fonde la Ve République.

La principale différence entre la IVe et la Ve République tient au renforcement des pouvoirs de l'exécutif :

- le président de la République, élu par un collège de grands électeurs fort nombreux, dispose de pouvoirs étendus. Il nomme le Premier ministre, sans qu'un vote de la Chambre soit nécessaire. Il peut dissoudre la Chambre, sans les restrictions antérieures. Dans les cas exceptionnels, il peut faire jouer l'article 16, qui lui donne les pleins pouvoirs ;
- le gouvernement est protégé contre la mauvaise humeur de la Chambre, dont les sessions sont strictement réglementées (durée fixée une fois pour toutes). Il ne peut être renversé que par une motion de censure, et, lors d'une telle motion, seuls comptent les votes favorables ; les abstentions sont réputées hostiles à la censure. Ce n'est donc pas au gouvernement de prouver qu'il a une majorité, mais à l'opposition de prouver qu'il n'en a plus. Les députés ne peuvent plus proposer de mesures qui entraînent des dépenses supplémentaires. Enfin, la procédure du vote bloqué permet de passer outre aux amendements et l'article 49, alinéa 3, de faire passer un texte en mettant en demeure l'opposition de déposer une motion de censure pour l'empêcher.

Les élections législatives se font au scrutin uninominal majoritaire à deux tours (scrutin d'arrondissement), les 23 et 30 novembre. C'est une hécatombe de sortants : sur 480 élus, plus de 400 nouveaux. Le refus des hommes de la IVe, annoncé déjà en 1956 par le poujadisme, est incontestable. Le PCF recule fortement en sièges (10 seulement), mais aussi en voix : 19 %, contre 25 à 27 % depuis 1945. Les socialistes (44), le MRP (57), et surtout les radicaux (23) s'effondrent. Plus que les modérés (133), les vainqueurs sont les partisans du général de Gaulle, qui viennent de former l'Union pour la nouvelle république (UNR) et obtiennent 198 sièges. Ce n'est pas assez pour former la majorité.

Élu président de la République, le 21 décembre 1958, de Gaulle nomme Premier ministre, le 8 janvier 1959, Michel Debré*. Le nouveau régime tient à manifester un dynamisme réformateur qui contraste avec l'impuissance où le régime des partis acculait la IVe République. Les changements sont importants dans la politique agricole et dans la politique scolaire (voir *infra*), comme dans la politique économique. Pour permettre à la France d'entrer dans le Marché commun, le 1er janvier, comme elle s'y était engagée en signant le traité de Rome, le 25 mars 1957, de Gaulle promulgue un important train de mesures financières, inspiré par J. Rueff et le ministre des Finances, A. Pinay*. Le franc est dévalué, sa convertibilité avec l'or rétablie, et, de façon symbolique, un nouveau franc est créé, qui équivaut à 100 francs anciens.

D'autre part, la nouvelle constitution permet l'évolution de l'Afrique vers l'indépendance. Elle institue une communauté, mais qui admet la libre détermination des États et la transformation de leur statut. Elle est d'ailleurs soumise au référendum en Afrique comme en France. La Guinée, qui la refuse, devient aussitôt indépendante. Les autres États négocieront avec la France leur indépendance et l'obtiendront à des dates diverses, en 1960.

Les étapes de la paix en Algérie

La politique algérienne de De Gaulle n'obéit à aucun plan préétabli. Elle est pragmatique, et se définit progressivement, en fonction des événements.

Dès son investiture, de Gaulle se rend en Algérie (4-7 juin). Il y reçoit un accueil triomphal, mais ne s'engage à rien (équivoque du « je vous ai compris »). Les militaires et les colons qui ont appelé de Gaulle au pouvoir croient qu'il fera leur politique, mais celui-ci, investi légalement par l'Assemblée, tire sa légitimité du peuple français.

Renforcé par les résultats du référendum du 28 septembre, de Gaulle prend une première initiative en octobre : plan de Constantine et « paix des braves ». Mais le plan de développement de 5 ans sera long à porter des fruits, et le FLN, qui a formé en septembre 1958 un gouvernement provisoire de la république algérienne (GPRA) au Caire, refuse la « paix des braves ». Incontestable, le prestige du général de Gaulle auprès des fellaghas n'a pas suffi pour qu'ils acceptent une reddition sans engagements pour l'avenir.

Seconde tentative : pacification et autodétermination. Un plan militaire de grande envergure, le plan Challe, est lancé en 1959. Simultanément, le discours du 16 septembre affirme le droit des Algériens à l'autodétermination et annonce qu'ils l'exerceront par référendum. Cette politique aboutit à un relatif succès militaire. Politiquement, elle échoue :

- de Gaulle ne veut voir dans le GPRA que les dirigeants de l'insurrection, alors que celui-ci veut se faire reconnaître comme le noyau d'un futur État ;
- victorieuse sur le terrain, l'armée ne peut empêcher le FLN de conserver le contrôle des populations civiles ;
- l'autodétermination suscite de violentes réactions dans la population européenne d'Algérie et dans l'armée. Massu étant rappelé à Paris, des barricades se dressent à Alger (24 janvier 1960). En décembre 1960, alors que le thème de l'Algérie algérienne a été lancé, des manifestations hostiles à de Gaulle éclatent lors de son voyage à Alger et à Oran.

Devant ces résistances, de Gaulle renforce son soutien populaire par le référendum du 8 janvier 1961 sur l'autodétermination de l'Algérie, approuvée à une large majorité. Puis il fait un pas supplémentaire en direction du GPRA, prend contact avec lui, et engage des pourparlers à Évian. Un communiqué officiel annonce ces pourparlers, le 7 avril. Le 11, de Gaulle s'affirme persuadé que l'État algérien sera souverain.

L'annonce de cette politique provoque le putsch d'Alger, animé, le 22 avril, par quatre généraux, dont le général Challe. Ce putsch avorte devant la résolution du gouvernement, qui fait jouer l'article 16 de la Constitution, les hésitations d'une partie des officiers, et l'hostilité du contingent qui connaît la position du gouvernement grâce aux transistors et entend bien ne pas suivre les chefs militaires dans une aventure contre la métropole. Le 25 avril au soir, Challe se rend.

Les pourparlers avec le GPRA reprennent. Ils échouent sur le Sahara, que la France veut garder et que le GPRA revendique (pétrole). Ce rebondissement ouvre la voie à un déferlement de terrorisme. L'OAS (organisation armée secrète), aux mains des ultras de l'Algérie française, ajoute son contre-terrorisme au terrorisme du FLN

En septembre, de Gaulle admet les prétentions algériennes sur tout le Sahara, et la négociation reprend. Elle aboutit aux accords d'Évian (18 mars 1962), qui reconnaissent l'indépendance de l'Algérie. Ces accords sont approuvés par référendum à une immense majorité (90 %), le 8 avril 1962. En Algérie, c'est le chaos. Tandis que l'OAS pratique la politique de la terre brûlée, la plupart des Européens (80 %) quittent l'Algérie, abandonnant leurs biens, et rentrent en France par centaines de milliers. En septembre naît la République démocratique et populaire d'Algérie, et Ben Bella forme le gouvernement.

L'avènement d'un régime présidentiel

Renforcé par la paix en Algérie, de Gaulle profite de la circonstance pour modifier la Constitution sur un point décisif : l'élection du président de la République au suffrage universel.

Ce projet est populaire. Il est simple. Il va dans le sens de la personnalisation de l'exécutif, amorcée depuis longtemps. Mais, alors que la Constitution de 1958 demande qu'une révision constitutionnelle soit d'abord approuvée par les Chambres, de Gaulle décide de procéder directement par référendum.

Devant le viol de la Constitution, les députés votent une motion de censure contre le gouvernement (5 octobre 1962). De Gaulle dissout la Chambre. Le référendum du 28 octobre approuve l'élection du président de la République au suffrage universel (oui : 60 % des votants et 46 % des inscrits).

Les élections des 18 et 25 novembre sonnent le glas des anciens partis. Le « cartel des non » subit une sévère défaite : 41 communistes, 66 SFIO, 39 radicaux, 55 centre démocrate (ex. : MRP). L'UNR obtient 233 sièges, la majorité absolue étant à 242. L'appoint de 35 républicains indépendants met la majorité à l'abri de toute surprise.

De Gaulle avait remplacé comme Premier ministre Michel Debré* par Georges Pompidou*, après le référendum d'avril sur l'Algérie. Le gouvernement Pompidou, reconduit, se fixe pour objectif de faire de la France une grande nation industrielle.

Les institutions seront définitivement établies en 1965. Le premier mandat du général de Gaulle arrivant à son terme, la gauche se divisait sur la question de savoir s'il fallait ou non lui opposer un candidat. Sans négocier le soutien des partis, F. Mitterrand* annonça sa candidature. Croyant le combat inégal et désespéré, la gauche soutint ce franc-tireur. Acceptant la compétition électorale, elle acceptait du fait même la réforme de 1962 et l'élection du président de la République au suffrage universel.

La participation massive (85 %) attesta la popularité de l'élection présidentielle dans la population. Contre toute attente, de Gaulle fut mis en ballottage au premier tour (5 décembre). Il devait l'emporter avec 55 % des voix sur F. Mitterrand le 19 décembre.

Chapitre 6

Les mutations de la société française entre 1945 et 1975

Repères chronologiques

1947	Entrée en vigueur du plan Monnet
1950	Plan Schuman de Communauté européenne du charbon et de l'acier (9 mai)
1951	Traité de Paris, créant la CECA (18 avril)
1953	Grève générale des postiers (août)
1954	Fondation de l'Union de défense des commerçants et artisans par P. Poujade
1955	Troisième semaine de congés payés
1956	Création du Fonds national de solidarité (minimum vieillesse)
1957	Traité de Rome, créant le Marché commun et l'Euratom (27 mars) Mise en place des retraites complémentaires de salariés
1958	Accord patronat/syndicats sur l'assurance chômage (31 décembre)
1959	Entrée en vigueur du Marché commun (1er janvier) Réforme de l'enseignement. Obligation scolaire portée à 16 ans
1960	Agitation paysanne (février-mars) Loi d'orientation agricole (mai)
1961	Agitation paysanne (juin) Grève des mineurs de Decazeville (décembre)
1962	Loi Pisani, complétant la loi d'orientation agricole (juillet) Accord d'entreprise chez Renault. Quatrième semaine de congés payés (28 décembre)
1963	De Gaulle refuse à la Grande-Bretagne l'entrée du Marché commun (14 janvier) Grande grève des mineurs (mars-avril)

	Réforme de l'enseignement. Création des collèges d'enseignement secondaire (août) Création de la DATAR
1964	Kennedy Round Le congrès de la CFTC transforme celle-ci en CFDT (novembre)
1965	Loi sur les régimes matrimoniaux (13 juillet)
1966	La France retire ses troupes de l'OTAN (7 mars) De Gaulle condamne la politique américaine au Vietnam (discours de Phnom-Penh, 30 août)
1967	Progrès de la gauche, qui reste minoritaire, aux élections législatives (5-12 mars) Loi Neuwirth, autorisant la contraception (28 décembre)
1968	Événements de mai Dissolution et victoire écrasante de la majorité aux élections législatives (23-30 juin) Fin du gouvernement Pompidou, remplacé par un gouvernement Couve de Murville Loi d'orientation des universités (12 novembre) Loi sur le droit syndical dans l'entreprise (27 décembre)
1969	Rejet du projet de réforme des régions et du Sénat, au référendum du 27 avril. Démission du général de Gaulle Victoire de G. Pompidou aux élections présidentielles (1er-15 juin) Gouvernement Chaban-Delmas Fondation du CID-UNATI par Gérard Nicoud.
1970	Réforme de l'autorité parentale (4 juin)
1971	Loi sur la formation permanente (16 juillet)
1972	Pompidou renvoie Chaban-Delmas (5 juillet)
1973	Victoire de la majorité aux élections législatives (4-11 mars) Grève Lip (du 12 juin à janvier 1974) Loi Royer limitant l'ouverture des grandes surfaces votée par l'Assemblée (19 octobre)
1974	Mort de G. Pompidou (2 avril) Victoire de V. Giscard d'Estaing sur F. Mitterrand aux élections présidentielles (5-19 mai) ■

L'objectif de G. Pompidou*, comme ministre du général de Gaulle d'abord, de 1962 à 1968, puis comme président de la République, de 1969 à 1974, est de faire de la France une grande puissance industrielle. C'est en fait l'objectif de tous les gouvernements depuis le plan Monnet (1947), et, dans un contexte international de croissance rapide, cet objectif devient une réalité. L'indice de la production industrielle (base 100 en 1938) était à 99 en 1947. Il monte à 204 en 1957, 338 en 1967 et 452 en 1973, à prix constant. En 26 ans, la production a été multipliée par 4,5, soit une croissance annuelle moyenne de 5,9 %. Jamais aucune période n'avait connu une telle croissance. On peut effectivement, avec J. Fourastié, caractériser ces années comme les « Trente Glorieuses ».

Pour la Ve République, cependant, l'industrialisation n'est pas un pur objectif économique ou social. La faiblesse économique et monétaire de la IVe République la plaçait sous la dépendance des États-Unis. La croissance économique, l'assainissement monétaire, la puissance industrielle deviennent, avec de Gaulle, les moyens de l'indépendance nationale. Il s'agit de devenir assez forts pour résister aux pressions américaines. D'où le refus opposé, en janvier 1963, à l'entrée dans le Marché commun d'une Grande-Bretagne qui prétendait conserver des liens privilégiés avec les États-Unis. D'où le retrait des troupes françaises de l'OTAN, en mars 1966, ou, en septembre de la même année, le discours du général de Gaulle à Phnom-Penh, condamnant l'intervention américaine au Vietnam.

Les difficultés de 1968, puis la crise mondiale et l'accession à la présidence de la République de Valéry Giscard d'Estaing* (mai 1974) devaient atténuer cet aspect fondamental de la Ve République. Il n'en reste pas moins que la France fait figure de pays non aligné, et que, dans ses rapports avec les pays sous-développés et ceux du Moyen-Orient, elle manifeste une autonomie relative que n'aurait pu se permettre la France ruinée, appauvrie et dépendante des lendemains de la guerre.

Les moteurs de la croissance

Les échanges internationaux

La croissance française n'est pas un phénomène isolé ou original, mais l'aspect local d'un phénomène mondial. La nouveauté relative, pour la France, est son intégration croissante au marché international.

Cette intégration résulte d'une politique délibérée, antérieure à la Ve République : acceptation du plan Marshall, communauté européenne du charbon et de l'acier (plan Schuman, 9 mai 1950, et traité de Paris, 18 avril 1951), puis Marché commun et Euratom (traité de Rome, 25 mars 1957). Mais la Ve République a accepté l'héritage et, à la surprise de certains, de Gaulle a confirmé l'entrée de la France dans le Marché commun le 1er janvier 1959. Simultanément, une série de négociations, dont la plus connue est le Kennedy Round de 1964, ont abaissé les barrières douanières entre l'Europe et les autres nations.

Les industriels français ne se sont pas engagés sans réticences dans cette politique. Habitués à travailler surtout pour le marché intérieur, à l'abri des barrières douanières, ils ont été entraînés par une volonté gouvernementale, moins économique que politique au départ (faire l'Europe pour intégrer l'Allemagne). Les patrons les plus lucides, encouragés par des hauts fonctionnaires, ont poussé en ce sens, convaincus de ce que le remède majeur aux archaïsmes responsables du retard économique français résidait dans l'ouverture des frontières et la concurrence internationale.

La conséquence est une grande sensibilité de l'économie française aux difficultés économiques des autres nations. 20 % de la production totale est exportée, mais, dans certaines branches, les exportations pèsent bien davantage, la moitié, par exemple, pour la production automobile. Réciproquement, l'importance de certaines importations est décisive (pétrole, machines-outils). Une partie de la croissance s'explique d'ailleurs par le bas prix relatif des matières premières importées du Tiers Monde, jusqu'à la crise de 1973 (pétrole, métaux).

La croissance démographique

En même temps que le marché extérieur se développait, le marché intérieur était doublement accru.

D'abord, le nombre des consommateurs augmentait, car la population passait de 40,3 millions d'habitants en 1946 à 47 en 1962 et 52,6 en 1975, soit une croissance de plus de 12 millions en 30 ans. Le contraste est total avec la quasi-stagnation de la première moitié du XXe siècle. Cette croissance démographique est due, pour une faible part, à l'immigration (3,4 millions d'étrangers en 1975), et pour l'essentiel à une forte natalité (plus de 18‰ de 1946 à 1960, contre 15,3 en moyenne de 1935 à 1939), qui s'explique par trois raisons.

1. Une politique familiale ambitieuse. Après le code de la famille (décret-loi de juillet 1939), relevant fortement les allocations familiales et instituant la prime à la première naissance (2 mois d'un salaire de référence, si la naissance survient dans les deux ans qui suivent le mariage), l'allocation de salaire unique complète ce dispositif (1941). Une famille populaire de 4 enfants voyait ainsi ses ressources majorées de moitié, entre 1940 et 1952, par les allocations familiales. Depuis 1950, la hausse des salaires a réduit l'importance relative des allocations, bien qu'elles aient suivi la hausse des prix. Dans les années 1950, leur apport était considérable pour les familles populaires.
2. Un certain optimisme collectif. Les Français ont le sentiment de vivre un progrès gigantesque. Leurs enfants vivront mieux qu'eux. La menace de guerre s'éloignerait, s'il n'y avait les guerres coloniales. C'est d'ailleurs en 1964 que la natalité atteint son point culminant, par rapport au nombre des femmes capables d'avoir des enfants.
3. Une modification plus profonde des attitudes affectives qui présente l'enfant et le fait ressentir comme l'épanouissement de l'amour d'un couple. Les familles sans enfants, ou avec un seul enfant sont beaucoup plus rares qu'avant-guerre, de même que les familles nombreuses. Mais la plupart des couples ont alors deux, trois ou quatre enfants.

L'augmentation de la population fait apparaître de nouveaux besoins, notamment dans le domaine du logement. Il faut loger 13 Français, là où il y avait de la place pour 10. Qualitativement, les logements existants sont d'ailleurs inadaptés pour des familles avec enfants. Dans l'habillement, l'alimentation, les services (écoles, etc.), les besoins augmentent aussi. C'est un stimulant pour l'économie.

La diffusion d'un nouveau mode de vie

Le développement du marché intérieur tient aussi à l'apparition d'un nouveau type de consommateur, suscité par les producteurs eux-mêmes : un consommateur qui a, tout à la fois, les moyens financiers d'acheter de nouveaux produits et l'envie de se les procurer.

Les moyens d'acheter : c'est l'apparition et le développement d'une politique du pouvoir d'achat, et parfois d'une politique de hauts salaires. Dans l'ensemble, les patrons ont compris que les ouvriers étaient aussi des clients. Sans politique du pouvoir d'achat, la production de masse était impossible.

L'envie d'acheter, c'est d'abord l'existence de nouveaux produits, donc l'innovation de la part des entrepreneurs (Moulinex par exemple). C'est ensuite le sentiment de l'utilité, de l'agrément, voire de la nécessité de ces produits, sentiment qui résulte sans doute de leur intérêt effectif, mais aussi des suggestions d'une publicité en plein développement.

Le nouveau mode de vie résulte de l'usage de ces produits nouveaux, ou dont la diffusion à l'ensemble de la population est une nouveauté. La voiture automobile (décembre 1974 : 63 % des ménages, 72 % des ménages ouvriers), l'électroménager (réfrigérateur, 88,5 et 91,3 ; machine à laver, 68,7 et 77,1), la télévision (82,4 et 86,8), le confort sanitaire (eau courante, 96,6 % des logements en 1975 contre 61,9 en 1954 ; W.C. intérieurs, 69,7 contre 26,6 ; baignoire ou douche, 65 contre 10,4 ; le chauffage central, 48,8 % en 1973) sont les éléments les plus visibles du confort domestique qui supposait des découvertes comme les matières plastiques ou les transistors, et qui affecte la plupart des objets : meubles de cuisine recouverts de stratifiés type « formica » (à partir de 1955), emballages plastiques, cuvettes et poubelles en plastique antichoc (détrônant la tôle galvanisée), vêtements en fibres synthétiques ou artificielles (nylon), sièges en skaï, etc.

Les mêmes inventions qui ont bouleversé le mode de vie ont aussi permis d'accroître la production et la productivité. L'électronique (ordinateurs, automatismes industriels) a pénétré les usines, avant les ménages (appareil radio, chaîne, télévision, calculatrice de poche). Les gains de productivité ont été massifs : 5 % par an en moyenne, de 1949 à 1963, 5,8 % de 1963 à 1969, au début de l'ère Pompidou. Ces chiffres signifient qu'en moyenne, la production réalisée par un ouvrier pendant une heure a augmenté de 5 % ou plus chaque année dans l'industrie française, de 1949 à 1969, soit pendant 20 ans. Et de fait, on constate que l'extraordinaire croissance industrielle s'est effectuée sans augmentation du nombre des travailleurs : la population active était de 20,5 millions d'habitants en 1931, de 19,4 en 1946, de 20,6 en 1968, et, avec les chômeurs (830 000), elle atteint 21,8 seulement en 1975, alors que la population totale s'est accrue de plus de 12 millions d'habitants depuis la dernière guerre.

Les bénéfices de la croissance

L'amélioration du niveau de vie

La diffusion d'un nouveau mode de vie est un phénomène qualitatif. L'organisation du temps et de l'espace domestiques devient autre. Mais cette transformation passe par une augmentation quantitative des dépenses de consommation, au jour le jour. On parle de « société de consommation ». Est-il vrai que les revenus aient beaucoup augmenté, permettant ainsi à la majorité des Français d'entrer dans une société « d'abondance » ?

La réponse est incontestablement positive. Pour s'en tenir aux ouvriers, leurs salaires (en francs du moment), les prix à la consommation et leur pouvoir d'achat ont évolué de la façon suivante :

	1949	1955	1967	1976
Salaires	100	200	514	1 516
Prix de détail	100	142,6	241,6	473,7
Pouvoir d'achat	100	140,8	212,7	320

En valeur nominale, les salaires ont été multipliés par 15, mais cela ne veut rien dire, car, pendant le même temps, l'inflation a sévi, et les prix ont été multipliés par 4,7. Mais, comme la hausse des prix a été inférieure à celle des salaires, le pouvoir d'achat a beaucoup augmenté. On l'évalue en divisant les salaires par les prix. Comme le montre le tableau ci-dessus, ce pouvoir d'achat ouvrier a été multiplié par plus de 2 entre 1949 et 1967, et par 3,2 de 1949 à 1976.

Est-ce à dire que les Français vivent deux ou trois fois mieux ? Ce n'est pas sûr, car au fur et à mesure que le niveau de vie augmente, la frontière entre la pauvreté et l'aisance se déplace, et le niveau considéré comme juste suffisant s'élève. On s'estimerait proche de la misère, en 1976, avec un salaire qui aurait paru très suffisant en 1949.

D'où d'ailleurs des ruptures entre les générations. En 1980, les parents qui peuvent faire la comparaison avec le monde de leur jeunesse ont le sentiment d'un immense progrès ; leurs enfants sont plus sensibles à tous les besoins encore insatisfaits.

Le progrès social

On a vu comment les assurances sociales avaient été créées (1928 et 1930) puis unifiées partiellement, au sein de la Sécurité sociale (1945). La Sécurité sociale a permis des progrès considérables dans le domaine de la médecine : la prise en charge des traitements et des soins a permis à tous de se soigner, et elle est en partie responsable de l'allongement de la vie moyenne.

Simultanément, les allocations versées en cas de maladie ou d'accident du travail permettent à la famille de vivre quand l'activité salariée est momentanément interrompue.

Deux autres risques sociaux sont progressivement pris en charge : la vieillesse et le chômage. À l'assurance-vieillesse du régime général de la Sécurité sociale, s'est ajouté (1957) le minimum-vieillesse, versé par le Fonds national de solidarité. En outre, de nombreux salariés se sont affiliés à des régimes complémentaires de retraite : les cadres d'abord, puis la plupart des salariés (1957-1961). En cas de chômage, les salariés sont indemnisés par des caisses établies par conventions entre les syndicats ouvriers et le patronat (31 décembre 1958), et qu'une ordonnance de 1967 a généralisées.

Enfin, la croissance a permis la généralisation et l'extension des vacances. Aux 12 jours ouvrables du Front populaire, la régie Renault, jouant un rôle pionnier, et rapidement suivie par toute l'industrie, a ajouté d'abord une troisième semaine (1955), puis une quatrième (1962). En 1976, plus de la moitié des ouvriers, deux employés sur trois et huit cadres sur dix sont partis en vacances. Même si la journée de travail reste très longue, une activité de loisirs se développe, qui fait la fortune des organisateurs et des marchands de vacances (Club Méditerranée).

L'éducation

Le progrès du niveau de vie ne se limite pas au confort et à la sécurité. Il permet le développement de l'éducation et la croissance de la scolarisation. Les effectifs scolaires gonflent irrésistiblement. L'ensemble des établissements publics du niveau du second degré (de 11 à 18 ans) accueillait en 1946-1947 740 000 élèves. Ils sont 1 818 000 en 1961-1962, 3 561 700 en 1971-1972 et 3 982 300 en 1975-1976. Certes, le gonflement des naissances explique une partie de cette croissance : 30 % environ. Mais elle est beaucoup plus considérable : 438 %. Elle ne se limite d'ailleurs pas au second degré, mais concerne aussi les universités, qui passent de 129 000 étudiants en 1946-1947 à 232 600 en 1961-1962, 697 800 en 1971-1972 et 806 300 en 1975-1976.

Plus que par la démographie, la croissance de l'éducation s'explique par la convergence entre la demande sociale et la politique gouvernementale. D'un côté, les parents, moins pressés par la nécessité de mettre leurs enfants au travail, ont voulu qu'ils aillent plus longtemps à l'école. L'instruction leur semblait la clef de la promotion sociale. Avec tous les changements de la société, pour la première fois, l'espoir se répandait qu'il y aurait pour les enfants des places bien meilleures que celles dont les parents avaient dû se contenter. De l'autre côté, l'État était persuadé que la modernisation du pays exigeait la hausse du niveau moyen de formation. Il a donc mené une politique volontariste, portant en 1959 à 16 ans la scolarité obligatoire (qui était à 14 ans depuis 1936). D'où un effort budgétaire sans précédent, puisque les dépenses d'instruction, qui représentaient 7 % des dépenses de l'État au début des années 1950, atteignent 17 % vers 1967 et se maintiennent à ce niveau.

Ces progrès quantitatifs, dont témoigne une vague de constructions scolaires et universitaires spectaculaire, font éclater de toutes parts l'institution. Le système éducatif est structurellement remanié, avec la généralisation progressive d'un type unique d'établissement de premier cycle (11-16 ans), le collège d'enseignement secondaire (1963), où se regroupent les anciennes classes du premier cycle des lycées, les collèges d'enseignement général et les classes de fin d'études primaires. Dans l'enseignement supérieur, la réforme Fouchet (1966) introduit la distinction de deux cycles de deux ans chacun, le second sanctionné par une maîtrise, diplôme nouveau, emprunté aux États-Unis. Les bouleversements provoqués par ces réformes, comme leur insuffisance, expliquent en partie les événements de 1968.

Jusqu'à cette date, le développement de l'instruction à tous les niveaux semblait nécessaire à la croissance. Le retard français était expliqué par la qualification insuffisante de la main-d'œuvre. Les industries nouvelles espèrent que, plus instruite, la main-d'œuvre serait plus capable d'adaptation et de reconversion. Les bouleversements industriels sont d'ailleurs tels, pendant ces années, que les diplômés se placent effectivement dans de bonnes conditions. Les espoirs placés dans le développement de l'instruction ne seront démentis que plus tard, quand les diplômés deviendront plus nombreux que les débouchés, dans un contexte démographique moins favorable et dans une économie moins dynamique.

Le calme social

Les bénéfices de la croissance expliquent en grande partie le calme social qui règne en France de 1948 à 1968, soit pendant une vingtaine d'années.

Pendant cette période, en effet, les grèves ont été peu nombreuses : grève générale des postiers en août 1953, grève des mineurs de Decazeville en 1961 et grève générale des mineurs, au printemps de 1963, quand la reconversion énergétique du charbon au pétrole menace directement leur profession (voir les indications statistiques en annexe).

Ce calme social s'explique tout d'abord par l'affaiblissement du syndicalisme ouvrier après la scission CGT/CGT-FO de décembre 1947. Pendant toute la période stalinienne, la CGT suit les consignes d'un parti communiste qui lutte contre le pacte atlantique et s'engage dans des actions dures purement politiques, comme en 1952, contre la venue du général Ridgway pour commander les forces de l'OTAN Quant à la CFTC, hostile aux grèves de 1947 et 1948, elle prend lentement de l'importance et accomplit une évolution progressive qui la conduit en 1964 à abandonner toute référence chrétienne, dans son titre et dans ses statuts. Elle devient la CFDT : Confédération française et démocratique du travail.

L'affaiblissement et les divisions du syndicalisme ne jouent pas seuls. La crise algérienne joue aussi un rôle : entre 1958 et 1962, quand l'OAS créait des troubles sur la voie publique, grèves et manifestations risquaient de faire le jeu des ultras d'Algérie et de gêner le gouvernement. La gravité du problème politique faisait passer au second plan les difficultés sociales.

Mais les bénéfices de la croissance sont la raison la plus profonde du calme social. La croissance permettait aux entreprises de satisfaire les revendications salariales. Les ouvriers, dont le niveau de vie augmentait, trouvaient en outre des possibilités de promotion individuelle, dans des usines où l'on manquait de main-d'œuvre. La stagnation de la population active, qui oblige à réaliser des gains de productivité si l'on veut que la production augmente, provoque d'incessants remaniements dans l'organisation des ateliers, au fur et à mesure qu'interviennent les innovations techniques. Dans cette structure en pleine évolution, ceux qui veulent changer de poste ou gravir les échelons d'une hiérarchie le peuvent. En 1970, sur 100 techniciens et agents de maîtrise, 18 seulement avaient été directement embauchés à ce niveau, tous les autres ayant commencé comme ouvriers, qualifiés (22 %), spécialisés (17 %) ou manœuvres (22 %, total inférieur à 100 en raison de non-réponses). La mobilité sociale était réelle.

Ainsi, progression du niveau de vie, progrès social (retraites, assurances, vacances), possibilités individuelles de promotion, espoir de promotion plus grande encore pour ses enfants grâce à une meilleure instruction se conjuguent. On s'explique le calme social. Est-ce à dire que ce soient des années totalement heureuses, ou heureuses pour tous ?

Le coût de la croissance

Le poids du travail

Première contrepartie : cette croissance a été payée en travail.

Nous l'avons vu, la population active n'a pratiquement pas augmenté, de 1946 (19,4 millions) à 1962 (19,7) et même 1968 (20,6). En effet, l'augmentation de la population a été provoquée par l'allongement de la durée de la vie et par la forte reprise de la natalité. Le nombre des personnes âgées et des enfants a augmenté, tandis que celui des adultes, capables de travailler, restait stable, et diminuait en pourcentage : les 20-65 ans représentaient 59,4 % de la population en 1946, ils tombent à 53,6 % en 1968.

Simultanément, la période d'activité se rétrécit : du fait des progrès de l'instruction, on entre plus tard dans la vie active, tandis que la généralisation des retraites fait qu'il devient rare de travailler au-delà de 65 ans : 10,6 % d'actifs seulement dans les 65 ans et plus (hommes) en 1975, contre 48 % en 1946.

Tout le poids de la production économique retombe donc sur les générations adultes, et les gains de productivité (production par heure de travail) ne suffisent pas à assurer la croissance économique. Il faut donc un effort humain important, qui se traduit par une durée du travail supérieure à ce qu'elle est dans les pays étrangers : de 44 heures par semaine à la Libération on passe à 46 heures vers 1966. Malgré des congés payés plus longs qu'à l'étranger, la durée annuelle du travail est alors plus élevée en France.

Les victimes de la croissance : les paysans

La croissance a provoqué de profonds remaniements économiques et sociaux. Le principal affecte l'agriculture et les paysans.

Le premier plan considérait comme une priorité la modernisation de l'agriculture française. Grâce à l'épargne accumulée par les paysans pendant la guerre (marché noir) et au développement du crédit, l'agriculture est entrée dans une phase d'équipement rapide. L'achat de tracteurs en a été le symbole. On passe de 56 500 tracteurs en 1946 à 305 000 en 1955, 996 000 en 1965 et 1 150 000 en 1975. Mais bien d'autres machines font leur apparition, puis conquièrent les exploitations : la moissonneuse-batteuse (5 000 en 1950, 185 000 en 1973), la presse-ramasseuse, etc. Simultanément, l'agriculture se met à utiliser les produits des industries chimiques : engrais, dont la consommation est multipliée par 5 ou 6, insecticides, fongicides, pesticides, et surtout désherbants, qui dispensent d'embaucher de la main-d'œuvre pour des sarclages. Enfin, elle bénéficie de l'amélioration des espèces, tant animales (insémination artificielle) que végétales (nouvelles variétés hybrides) et des aliments pour le bétail ou la volaille.

De ce fait, pour la première fois dans l'histoire, la production et la productivité agricoles progressent à un rythme rapide, 3,3 % par an en moyenne pour la production. Les rendements doublent ou triplent : 15,8 quintaux de blé à l'hectare en moyenne dans les années 1930-1939, contre 43,2 en moyenne de 1971 à 1973, 15,6 pour le maïs avant-guerre, contre 51 en 1971-1973. Les vaches produisaient 1 800 litres de lait par an en moyenne en 1945-1950, contre plus de 3 000 en 1975.

Ces nouvelles méthodes de production ont évidemment diminué la quantité de travail nécessaire. L'agriculture demande de moins en moins de bras. La population active dans l'agriculture diminue donc rapidement : de 1954 à 1975 (20 ans), on est passé de 5,1 millions d'agriculteurs-exploitants et d'ouvriers agricoles (26,9 % de la population active) à 2,06 (9,5 %). Il s'ensuit deux séries de conséquences :

1. Une restructuration profonde des exploitations. Leur nombre diminue, passant de 3 millions à 1,5 environ, cependant que leur taille augmente. En 1955, les exploitations de moins de 20 hectares cultivaient 40 % du sol ; elles n'en cultivent plus que 25 % en 1970, tandis que celles de plus de 50 hectares passent de 25 à 36,5 %. Cette restructuration, que le Centre national des jeunes agriculteurs jugeait nécessaire, a été accélérée par la Ve République, décidée à agir sur les structures plutôt que sur les prix. L'abandon de l'indexation des prix agricoles a suscité la colère des paysans endettés, qui ont manifesté de façon spectaculaire et violente : barrages de routes au printemps de 1960, prise de la sous-préfecture de Morlaix en juin 1961. Devant cette agitation, le gouvernement Debré, qui avait fait voter en août 1960 une loi d'orientation agricole, charge un nouveau ministre, E. Pisani, de préparer une loi complémentaire, adoptée en juillet 1962. L'objectif est de constituer des exploitations familiales viables. Les agriculteurs âgés sont incités à céder leur exploitation (indemnité viagère de départ) ; des SAFER (sociétés d'aménagement foncier et d'équipement rural) sont créées pour régulariser le marché foncier ; le crédit aux agriculteurs est remanié. Des mesures sociales complètent ce dispositif. Mais une agitation épisodique continue à se manifester, car les paysans, contraints d'acheter des terres pour survivre comme agriculteurs, se débattent dans de réelles et sérieuses difficultés.
2. Un exode rural accéléré. La population urbaine a dépassé la population rurale pour la première fois au recensement de 1931. En 1946, 53,2 % de la

population habitait des agglomérations de plus de 2 000 habitants. En 1975, ce pourcentage atteint 68,7 %. Cet exode rural a été plus important encore qu'il n'y paraît. En effet, les retours d'un nombre non négligeable de citadins à la campagne en masquent l'ampleur. Pendant les années 1954-1968, plus de 300 000 ruraux quittent chaque année la campagne pour s'installer à la ville, cependant qu'entre 170 000 et 220 000 citadins font le mouvement inverse. Le résultat est que non seulement les campagnes se dépeuplent, mais que leur population devient déséquilibrée : peu de jeunes, beaucoup de personnes âgées. Déjà, les agriculteurs ne sont plus majoritaires dans la population rurale, puisqu'ils en constituaient en 1968 41,6 % seulement, à côté de 8 % d'artisans et commerçants, de 16 % de retraités et de 21 % d'actifs hors de la commune.

Simultanément, les villes ont beaucoup grandi. L'agglomération parisienne s'est stabilisée vers 1962, et elle recule légèrement depuis, une politique volontariste (création de la DATAR, 1963) visant à décentraliser les entreprises. Les métropoles régionales et les villes moyennes ont bénéficié principalement du gonflement de la population urbaine. Mais leur croissance s'est réalisée trop vite. Elle a pris la forme de grands ensembles, à partir de 1955. Ces logements en série ont fait progresser brutalement les normes du confort domestique (voir plus haut la diffusion d'un nouveau mode de vie), mais ils se sont mal intégrés au tissu urbain, et cette croissance périphérique provoque une crise générale des centres-villes.

Les victimes de la croissance : les commerçants

L'abondance est moins favorable au commerce que la pénurie. En temps de pénurie, le commerçant qui trouve de la marchandise est avantagé, et il peut vendre très cher, réalisant de gros bénéfices. C'est ainsi que, pendant la guerre, le marché noir a multiplié les commerces au lieu de les faire disparaître. Au contraire, l'abondance permet à chacun de se procurer de la marchandise. La concurrence joue sur les prix, non sur les produits. Les marges diminuent, et les commerces les moins bien gérés ou les plus mal situés disparaissent.

Le premier malaise du commerce de détail est contemporain de la lutte efficace engagée à partir du gouvernement Pinay (1952) contre la hausse des prix. Les contrôles fiscaux se multiplient chez les commerçants, suscitant ainsi un vaste mécontentement. Le mouvement Poujade (UDCA, Union de défense des commerçants et artisans) naît en 1954 pour résister à ces contrôles et ses candidats aux élections de 1956 réunissent près de 10 % des inscrits.

Ce n'était qu'une première alerte. L'appareil commercial est en effet obligé de se modifier sous l'effet de contraintes amont et aval. En amont, la fabrication de masse pousse à la création de centres de distribution eux aussi massifs et bon marché, pour écouler sa production. En aval, les clients ne sont plus là où ils étaient. Tandis que les boutiques villageoises perdent leurs clients, les habitants des grands ensembles n'ont pas de boutiques à proximité. L'existence de fortes concentrations humaines dans des quartiers sans équipement commercial traditionnel crée un besoin nouveau.

La grande surface répond à ces deux demandes nouvelles. Les supermarchés et hypermarchés apparaissent : 47 au 1er janvier 1960, 566 en 1966, 1 833 au 1er janvier 1971. Du coup, la part du commerce de détail prise par les petits commerçants diminue de 87,9 % en 1950 à 65,2 % en 1972, et de 89,3 à 58,7 pour les commerces alimentaires. De 1966 à 1973, 18 000 magasins disparaissent.

Le mécontentement du petit commerce menacé explique la naissance d'un nouveau mouvement de défense, le CID/UNATI (Comité d'information et de défense de l'union nationale des artisans et travailleurs indépendants) de Gérard Nicoud, en 1969. Par la loi Royer, ralentissant la création des grandes surfaces (octobre 1973), les petits commerçants reçoivent partiellement satisfaction.

L'aggravation des inégalités

La croissance n'a pas été également répartie. Jusqu'en 1968, elle a bénéficié principalement aux cadres. L'écart de salaires entre les cadres et les ouvriers s'est aggravé. Sur la même base 100 en 1955, les gains horaires des ouvriers atteignent l'indice 243 en 1967, les traitements des cadres, l'indice 290 : la différence est sensible (gains multipliés par 2,4 ou 2,9).

Simultanément, l'écart entre les salariés et les indépendants se maintient ou s'accroît. En effet, le nombre des salariés progresse : 65,7 % des actifs étaient salariés en 1954, en 1975 ils sont 82,7 %. Or ce sont probablement les moins avantagés des travailleurs indépendants qui entrent dans le salariat. Les indépendants qui subsistent bénéficient en moyenne de revenus importants, et échappent pour partie à la pression fiscale, grâce à des avantages légaux ou à la fraude proprement dite. De ce fait, le revenu fiscal des agriculteurs est de 36,2 % seulement de leur revenu réel, et celui des professions indépendantes (patrons, gros et petits, professions libérales), de 55,3 %.

L'autorité à la française

La croissance s'est accompagnée de changements de mentalité : des valeurs nouvelles se sont imposées : l'innovation, la modernisation, la jeunesse, l'adaptabilité. Mais le style d'autorité était resté le même : bureaucratique et autoritaire.

La relation de travail restait une relation hiérarchique, où le supérieur était personnellement engagé, dans son prestige, dans son personnage social (« qui est-ce qui commande ici ? »). Face à cette menace, les inférieurs recherchaient des règles uniformes capables de les protéger contre l'arbitraire. Le phénomène bureaucratique était en route. Il aboutissait, dans les administrations comme dans les grandes entreprises, à une mauvaise remontée des informations, de la base vers le sommet qui se trouvait ainsi amené à décider sans connaissance de cause. Le blocage était presque inévitable. On en sort par une crise.

Dans les années 1960, le thème de la société bloquée connaît un réel succès. Le triomphe du gaullisme, l'impuissance des partis de gauche, laminés aux élections de 1962, accroissent le sentiment de blocage. C'est l'époque où les technocrates et hauts fonctionnaires novateurs ne trouvent plus pour s'exprimer que des clubs, comme le club Jean Moulin, fondé en 1958.

La crise de la croissance

Les événements de 1968

L'ère Pompidou se déroulait sans graves difficultés. Mis en ballottage par François Mitterrand* aux élections présidentielles de 1965, le général de Gaulle* l'avait emporté au second tour avec 55 % des voix, inaugurant un second septennat. Aux élections législatives du 5 mars 1967, malgré une poussée de la gauche, la majorité subsiste, avec 244 députés, dont 41 républicains indépendants (Giscard d'Estaing), contre 116 radicaux et socialistes, 73 communistes et une dizaine d'autres députés de gauche. Le gouvernement Pompidou se poursuit donc, à peine remanié.

Dans ce contexte, les événements de Mai 68 surprendront tout le monde par leur ampleur. Ils s'articulent en trois phases :

- d'abord un mouvement universitaire. Dans les facultés, débordées par l'afflux de centaines de milliers d'étudiants (483 300 en 1967-1968, contre 232 600 en 1961-1962 et 157 500 en 1956-1957), le mécontentement couvait. Une tentative maladroite de reprise en main provoque une grève des étudiants (3 mai), suivie d'une semaine d'agitation autour de la Sorbonne fermée et gardée par des CRS. Dans la nuit du 10 au 11, les étudiants édifient des barricades au quartier latin. Elles sont enlevées par la police avant l'aube ;
- puis un mouvement ouvrier. Le lundi 13 mai – 10 ans après le 13 mai 1958 –, une journée de grève générale, déclenchée par les syndicats ouvriers et la FEN, est un franc succès. Cortèges dans de nombreuses villes. Puis, tandis que les étudiants occupent la Sorbonne réouverte, des usines se mettent en grève, notamment des usines où de jeunes ouvriers avaient déjà animé des grèves très dures. À la fin de la semaine, la grève est générale : les chemins de fer, les postes, l'enseignement, toute l'industrie sont touchés. On compte plus de 5 millions de grévistes.
- la crise devient alors politique. Une motion de censure déposée par la gauche est repoussée le 22 : la crise ne peut donc se dénouer par un changement de gouvernement. De Gaulle annonce le 24 mai un référendum. Il est très mal accueilli : dans la nuit du 24 au 25, de nouvelles barricades sont dressées. Enfin, les négociations de Grenelle entre patrons et syndicats, à la demande du gouvernement et sous la présidence de Pompidou, aboutissent à des propositions que les ouvriers de Renault refusent le lundi 27 au matin. La crise semble donc dans l'impasse. Certains songent à une sorte de révolution. Le pouvoir semble se décomposer. Le mercredi 29, on apprend même que le général de Gaulle a disparu, qu'il n'est pas à Colombey.

Il reparaît le jeudi 30, et dénoue la crise par une allocution radiodiffusée : il dissout l'Assemblée et appelle le peuple souverain à trancher la crise. Tous les partis acceptent le verdict du suffrage universel. Tandis que les élections se préparent, le calme revient peu à peu. La grève cesse dans le secteur public (SNCF et RATP, le 6 juin), puis dans les entreprises. Les élections des 23 et 30 juin sont un triomphe pour la majorité, non seulement en sièges (358 sur 485), mais en voix (43,65 % de voix UDR, 20 % pour le PCF, 16 % pour la fédération de la gauche). Mais de Gaulle se sépare de G. Pompidou et charge M. Couve de Murville de former le gouvernement.

Les événements de 1968 ont fait cinq morts. La France tout entière s'est crue au bord d'une révolution, pour retrouver, semble-t-il, le régime plus solide que jamais. Comment interpréter cette crise ? Quelle en est la signification ?

Affaiblissement des normes et crise des institutions

Un premier sens des événements de 1968 est le refus des autorités institutionnelles et des normes toutes faites. « Il est interdit d'interdire », « l'imagination au pouvoir » : ces graffitis signalent bien une révolte contre l'autorité, ou contre sa forme française. 1968 donne donc une accélération à un mouvement de libéralisation des mœurs déjà engagé. Cela se voit au costume (le polo presque aussi légitime que la cravate, le jean, les tenues exotiques), à l'allure, plus décontractée.

L'évolution est très sensible pour la famille. Le style éducatif devient plus « permissif ». Les femmes revendiquent leur égalité avec les hommes. La réforme des régimes matrimoniaux (1965) fait de la séparation de biens avec société d'acquêts le régime normal, permettant par exemple aux femmes d'ouvrir un compte en banque sans l'autorisation du mari. La réforme de l'autorité parentale (1970) la partage également entre le père et la mère. Prohibée par une loi de 1920, la contraception est autorisée par la loi Neuwirth (1967), malgré des résistances qui retardent jusqu'en 1971 les textes d'application.

Les organisations sont également contestées. La bureaucratie syndicale se voit dénoncée, et la revendication, ouvrière comme étudiante, se fait plus inventive. En 1973, les ouvriers de l'usine Lip, à Besançon, menacés de chômage par la faillite de leur entreprise gérée de façon déplorable, occupent l'usine, vendent le stock de montres pour assurer leurs salaires et tentent de remettre la production en marche. Leur lutte dure plus de six mois (12 juin 1973-29 janvier 1974) et suscite un très large écho.

La droite et les événements de 1968

La majorité a eu peur. Deux voies s'offrent à elle : la répression ou l'acceptation de transformations. De Gaulle choisit la seconde voie.

Dans l'enseignement, d'où la crise était née, le nouveau ministre, Edgar Faure*, fait voter une loi d'orientation de l'enseignement supérieur (12 novembre 1968), qui s'inspire des principes d'autonomie des universités, d'interdisciplinarité et de participation à la gestion.

La lecture que le général de Gaulle fait des événements est celle d'une crise du centralisme bureaucratique. Il propose donc, par référendum, la création de régions et une réforme du Sénat. Le 27 avril 1969, le projet soumis au référendum est repoussé par 53,17 % des suffrages exprimés. Giscard d'Estaing recommandait le non. De Gaulle démissionne dès les résultats connus. Les élections présidentielles se déroulent le 1er juin. La gauche, divisée (Duclos,

21,5 %, Defferre, 5,07 %, Rocard, 3,66 %), ne laisse en compétition au second tour que les deux candidats les mieux placés au premier : Pompidou et le président du Sénat, un homme de centre droit, A. Poher. Pompidou est élu le 15 juin avec 57,5 % des suffrages exprimés.

G. Pompidou* demande alors à J. Chaban-Delmas* de former le gouvernement. Cet ancien radical, résistant et gaulliste, pratique une politique de réforme et d'ouverture, dont l'un des inspirateurs est J. Delors, à son cabinet. Avec les syndicats, la négociation devient permanente. Conformément aux engagements pris par le gouvernement lors des négociations de Grenelle, la loi du 27 décembre 1968 a consacré le droit des syndicats à créer des sections d'entreprise, bénéficiant de facilités (locaux, crédit d'heures). Les salaires ont été fortement relevés (9,2 % pour les salaires horaires, au second semestre de 1968). La politique Delors-Chaban consiste à négocier des contrats avec les syndicats sur les conditions de travail et les rémunérations. Cette politique contractuelle permet de régler sans trop de heurts et de conflits les problèmes posés par le mouvement revendicatif issu de 1968. On constate de fait une progression plus forte des bas salaires et des salaires ouvriers, dont l'écart avec les traitements des cadres se réduit. Sur la même base, 100 en 1955, les salaires horaires des ouvriers sont à l'indice 331 en 1970, quand les salaires des cadres sont déjà à l'indice 376. En 1975, ils seront à l'indice 649, et les salaires des cadres à l'indice 648. La même politique inspire la loi du 16 juillet 1971 organisant la formation permanente.

Cependant, les événements de 1968 s'estompent peu à peu. En conflit avec le président de la République, Chaban-Delmas doit démissionner le 5 juillet 1972, malgré un vote de confiance de la Chambre à la fin de mai. G. Pompidou, malade, contrôle plus directement l'évolution politique. La majorité gagne les élections législatives de mars 1973. En 1974, après la mort de G. Pompidou (2 avril), les élections présidentielles opposent V. Giscard d'Estaing, J. Chaban-Delmas et F. Mitterrand. Au second tour (19 mai), V. Giscard d'Estaing* l'emporte avec 50,8 % des suffrages. La page du gaullisme semble tournée.

À certains égards, l'élection, sous le signe du « changement dans la continuité », de ce président jeune (48 ans) qui prône la « décrispation », répond aux profondes mutations de la société. La France de 1974 est en effet bien différente de celle de 1945 et même de 1958. Plus jeune et plus instruite, elle voit s'affirmer le groupe des cadres. C'est une France citadine qui a rompu, en apparence, avec sa tradition paysanne. Le niveau de vie a triplé et la sécurité de l'existence est devenue générale. La disparition de la pénurie permet un mode de vie radicalement différent de celui du premier XXe siècle et inspire aux individus le goût jaloux de leur propre liberté. Les événements de 1968 ont fait sauter quelques verrous et légitimé une forme libertaire d'individualisme. Le gaullisme était en accord avec un temps d'ardeur, de nécessité et d'effort. Le « libéralisme avancé » du nouveau Président veut répondre de façon plus aimable et plus souple aux aspirations nouvelles.

Chapitre 7

Alternances et cohabitations 1981-2002

Repères chronologiques

1971	Congrès d'Épinay : F. Mitterrand, premier secrétaire du PS (5 juin)
1972	Signature du programme commun PS-PC (26 juin)
1974	J. Chirac, Premier ministre (27 mai) Abaissement à 18 ans de la majorité (5 juillet) Éclatement de l'ORTF (7 août) Assises du socialisme (octobre)
1975	Loi instituant l'élection au suffrage universel de l'Assemblée européenne (juillet)
1976	XXIIe congrès du PC. Abandon de la dictature du prolétariat (février) Démission de J. Chirac. R. Barre, Premier ministre (25 août) J. Chirac fonde le RPR (5 décembre)
1977	Élections municipales : succès de la gauche (13-20 mars) Rupture de l'union de la gauche (23 septembre)
1978	Naissance de l'UDF (février) Élections législatives (12-19 mars). La gauche reste minoritaire malgré ses progrès
1979	Entrée en vigueur du SME (13 mars) Élections européennes (10 juin)
1981	Élections présidentielles (26 avril-10 mai). F. Mitterrand, président de la République P. Mauroy, Premier ministre (21 mai) Élections législatives (14-21 juin). Le PS remporte la majorité absolue des sièges Abolition de la peine de mort (17 septembre)
1982	Semaine de 39 heures (13 janvier) Loi sur les nationalisations (13 février) Loi de décentralisation (2 mars)

	Création de la Haute Autorité de l'audiovisuel (29 juillet) Loi sur les élections municipales (20 octobre)
1983	Élections municipales (6-13 mars) : recul de la gauche Crise financière : la France décide de rester dans le SME (20 mars)
1984	Élections européennes (17 juin) : percée du Front national L. Fabius, Premier ministre (18 juillet)
1985	Rétablissement de la proportionnelle pour les élections législatives (4 avril)
1986	Élections législatives (11-18 mars) : victoire de la droite. J. Chirac, Premier ministre (20 mars) Loi de privatisation (6 août). Manifestation contre la réforme de l'enseignement supérieur : un mort (4 décembre) Liberté entière des prix (ordonnance du 1er décembre)
1988	Élections présidentielles (24 avril-8 mai). F. Mitterrand réélu. M. Rocard, Premier ministre Élections législatives (5-12 juin) : majorité relative pour la gauche Création du Revenu minimum d'insertion (Loi du 1er décembre)
1989	Élections municipales (5-19 mars) : résultats honorables pour le PS Chute du mur de Berlin (9 novembre) Sommet européen de Strasbourg. Décision de faire l'UEM (8-9 décembre)
1990	Loi sur le financement des partis politiques (15 janvier) Réunification de l'Allemagne (3 octobre)
1991	Renvoi de M. Rocard. Mme Cresson, Premier ministre (15 mai)
1992	Renvoi de Mme Cresson. P. Bérégovoy, Premier ministre (2 avril) Référendum sur le traité de Maastricht (20 septembre)
1993	Élections législatives (21-28 mars) : la droite remporte 494 sièges contre 93 à la gauche. E. Balladur, Premier ministre.
1994	Élections européennes (12 juin)
1995	Élections présidentielles (23 avril-7 mai). J. Chirac, président de la République. A. Juppé, Premier ministre Mouvement massif de grèves dans la fonction publique et la SNCF contre la réforme de la Sécurité sociale et le contrat de Plan État-SNCF (novembre-décembre)
1997	Dissolution de l'Assemblée Élections législatives (25 mai-1er juin). Victoire de la gauche. L. Jospin, Premier ministre
1998	Loi sur la nationalité (16 mars) Loi sur les 35 heures (13 juin)
2000	Remaniement ministériel. Allègre quitte le gouvernement Sommet européen de Nice (11 décembre)
2001	Loi organique sur les lois de finances (LOLF, 1er août) Attentat contre le World Trade Center (11 septembre)

2002	Le Franc est remplacé par l'Euro (1er janvier) Élections présidentielles (21 avril-5 mai) J. Chirac réélu. J.-P. Raffarin, Premier ministre Élections législatives
2003	Les États-Unis et la Grande-Bretagne envahissent l'Irak sans mandat de l'ONU (20 mars) Loi sur les retraites (21 août)
2004	Victoire de la gauche aux élections cantonales et régionales (21-28 mars)
2005	Référendum. Le traité constitutionnel européen est refusé par 54,7% des voix (29 mai) Violences et émeutes urbaines dans les banlieues (novembre-décembre)
2007	Élections présidentielles (22 avril-6 mai). N. Sarkozy est élu par 53% des voix contre S. Royal Victoire de la droite aux élections législatives (10-17 juin) ■

La droite avait été au pouvoir depuis la création de la Ve République, pendant 23 ans. Beaucoup pensaient que les institutions rendaient impossible l'arrivée au pouvoir de la gauche. Or elle y parvient, avec la victoire du premier secrétaire du parti socialiste, F. Mitterrand, aux élections présidentielles de 1981.

Trente-trois ans et trois présidents 1974-2007

À la mort du président Pompidou, en 1974, V. Giscard d'Estaing* lui avait succédé. C'était un indépendant, et non un gaulliste, mais il devait son succès au ralliement d'une partie des gaullistes, emmenée par J. Chirac, qu'il nomma donc Premier ministre. Deux ans plus tard, pour échapper à la tutelle du parti majoritaire, il l'avait remplacé par une personnalité indépendante plus proche de lui, R. Barre, et il avait fondé avec les centristes son propre parti, l'UDF (Union pour la démocratie française). Cette rivalité entre la majorité parlementaire gaulliste et le Président minait la droite. En 1981, J. Chirac affronte aux présidentielles V. Giscard d'Estaing. Mais c'était une querelle de famille au sein de la droite. La victoire de la gauche constitue une rupture majeure : c'est l'alternance.

Les septennats de François Mitterrand

F. Mitterrand dissout aussitôt la chambre élue en 1978 et la gauche gagne les législatives. On reste dans le schéma habituel de la Ve République : le Président a le soutien de la majorité. P. Mauroy forme un gouvernement qui, autre nouveauté, comprend quatre communistes ; il conduit une politique radicalement différente : relance par la consommation, nationalisations, décentralisation et tentative d'intégration de l'enseignement privé dans le service public. Le scénario de 1936 semble se renouveler et la droite, convaincue de l'incapacité des socialistes à gérer l'État, pense qu'ils devront céder le pouvoir après avoir fait des réformes majeures. C'est compter sans la force des institutions de la Ve République qui lui assurent cinq ans de pouvoir. Au bout de deux ans, le gouvernement doit bien affronter les lourdes difficultés économiques provoquées par sa politique, mais il en change. P. Mauroy adopte une politique de rigueur (mars 1983) et L. Fabius, qui lui succède en 1984 sans ministres communistes, après une crise provoquée par la question scolaire, la poursuit. Il ne réussit pourtant pas assez vite pour gagner les législatives de 1986.

Cette seconde alternance n'entraîne pas la démission de F. Mitterrand, fidèle au mandat personnel qu'il tient de sa propre élection au suffrage universel. Il nomme Premier ministre le chef de la nouvelle majorité, J. Chirac, et annonce qu'il le laissera gouverner. C'est une configuration radicalement nouvelle : le Président n'appartient pas au même camp que le gouvernement et la majorité. Après l'alternance, voici la cohabitation.

Après deux années pendant lesquelles J. Chirac privatise les entreprises nationalisées et suscite en 1986 un puissant mouvement étudiant, F. Mitterrand se représente aux présidentielles de 1988 et il l'emporte contre J. Chirac et R. Barre. Il dissout de nouveau la Chambre et les électeurs donnent une majorité relative à la gauche. Au gouvernement d'ouverture de M. Rocard, qui comprend des centristes, succèdent ceux d'Édith Cresson, la première femme Premier ministre, puis de P. Bérégovoy. Mais, au terme de la législature, l'alternance joue une nouvelle fois et la gauche, discréditée par le chômage et les affaires, est écrasée en 1993. Avec 484 sièges contre 93, la droite domine la Chambre comme jamais depuis 1871. Une seconde cohabitation commence.

J. Chirac, qui pense avoir échoué aux présidentielles de 1988 parce qu'il était chef du gouvernement, refuse Matignon. F. Mitterrand appelle donc E. Balladur, un autre leader du RPR, le parti gaulliste, sur qui J. Chirac pense pouvoir compter. Il se présente pourtant contre lui aux présidentielles de 1995, car la gauche est si faible que cette rivalité semble sans danger pour le RPR. Mais le nouveau leader du parti socialiste, L. Jospin*, les devance tous deux au premier tour et c'est lui que J. Chirac affronte victorieusement au second.

Les douze années de Jacques Chirac

Le nouveau Président appelle à Matignon A. Juppé, qui se heurte aussitôt à une grande grève en voulant réformer les retraites. Deux ans plus tard, il dissout la Chambre, un an avant le terme de la législature. Jusqu'alors, la dissolution avait servi à dénouer une crise de légitimité, comme en 1962 et en 1968 avec de Gaulle, ou à donner une majorité au Président nouvellement élu, comme en 1981 et 1988. La dissolution d'une chambre où le Président a la majorité est donc une innovation. J. Chirac pense se donner ainsi une majorité pour les cinq dernières années de sa présidence. Mais l'improbable se produit et la gauche gagne les élections. J. Chirac nomme alors Premier ministre L. Jospin* : une troisième cohabitation s'engage, avec, cette fois, un président de droite et une majorité de gauche « plurielle » qui comprend des communistes et des Verts.

L. Jospin* reste cinq ans à Matignon, avec un remaniement ministériel provoqué en 2000 par l'impopularité et le départ du ministre de l'Éducation nationale, C. Allègre. Un référendum ramène à cinq ans au lieu de sept la durée du mandat présidentiel. C'est donc pour un mandat de cinq ans que J. Chirac se présente en 2002, contre L. Jospin. Mais celui-ci arrive en troisième position au premier tour du fait de la dispersion des voix entre les candidats de gauche. Au second, pour barrer la route à J.-M. Le Pen, la gauche appelle à voter pour J. Chirac qui est donc élu avec 82,2 % des voix. Les législatives qui suivent donnent à la droite une écrasante majorité (399 sièges contre 178).

Le gouvernement affronte en décembre 2005 une impressionnante révolte des banlieues, mais l'époque est dominée par les événements internationaux, l'attentat du World Trade Center (11 septembre 2001), l'intervention en Afghanistan qui s'ensuit pour écraser Al Qaïda, et la crise iraquienne. La France s'oppose sur ce point aux États-Unis qui envahissent l'Irak sans mandat de l'ONU (20 mars 2003).

Malgré J. Chirac, qui lui préfère comme premiers ministres J.-P. Raffarin puis son proche conseiller, D. de Villepin, N. Sarkozy* réussit à prendre le contrôle du parti majoritaire et cinq ans plus tard, il est élu Président contre la candidate socialiste, S. Royal avec 53 % des voix et il s'assure aux législatives suivantes une confortable majorité (346 sièges contre 227).

Ces alternances entraînent de nombreux changements au sommet de l'administration. À chaque renversement de majorité, de nombreux hauts fonctionnaires sont remplacés par des hommes plus proches des nouveaux dirigeants : c'est ce qu'on appelle, aux États-Unis, le système des dépouilles. Pourtant, la continuité l'emporte dans de nombreux secteurs.

Les continuités

Le consensus européen

La construction européenne est une constante de la politique menée par la droite comme par la gauche dans cette période.

L'Europe s'est élargie par étapes. Aux six pays signataires du traité de Rome en 1957, se sont joints en 1973 le Royaume-Uni, le Danemark et l'Irlande, puis la Grèce en 1981, l'Espagne et le Portugal en 1986 et, en 1995, l'Autriche, la Suède et la Finlande. Cet élargissement à quinze n'empêcha pas la construction d'un espace économique unifié de progresser, même si tous les pays membres ne s'y engagèrent pas. La première étape fut, en 1979, la mise en œuvre du système monétaire européen (SME, 1er mars). Les huit pays qui en faisaient partie – le Royaume-Uni n'y entra pas – s'obligeaient à réajuster leur monnaie, c'est-à-dire à dévaluer, si elle s'écartait de plus ou moins 2,25 % d'une parité définie. Par deux fois, le gouvernement Mauroy dut ainsi dévaluer. Le troisième dérapage monétaire le mit en face d'un choix décisif, le 20 mars 1983 : adopter une politique de rigueur pour maintenir la valeur du franc, ou sortir du SME. F. Mitterrand choisit de rester dans le SME et changea de politique : le socialisme français se fit gestionnaire par choix européen.

En 1986 l'Acte unique européen institua progressivement un marché intérieur unique, en organisant la libre circulation des marchandises, des personnes, des capitaux et des services. Il devint effectif en 1993. L'effondrement du communisme dans les démocraties populaires – le mur de Berlin est abattu le 9 novembre 1989 – et la réunification rapide de l'Allemagne (3 octobre 1990) fournissent des raisons supplémentaires de renforcer les solidarités européennes. Le sommet de décembre 1989 décide de rédiger un traité en ce sens : adopté au sommet de Maastricht (9-10 décembre 1991), il crée une Europe économique, monétaire, mais aussi politique.

Les décisions prises à Bruxelles, les « directives » européennes s'imposent aux États et doivent être traduites dans le droit national. Ainsi de la réglementation de la chasse, qui suscite de vives oppositions. La Cour de justice européenne peut être saisie par des Français et il arrive qu'elle condamne l'État français. Des pans entiers de la politique économique, comme la politique agricole et le commerce international, se décident à Bruxelles. L'Europe s'intègre d'ailleurs dans les carrières des hommes politiques : d'anciens commissaires européens, comme R. Barre, deviennent ministres, tandis que d'anciens ministres deviennent commissaires européens. Le ministre des Finances du gouvernement Mauroy (1981-1984), J. Delors*, exerce même pendant deux mandats consécutifs la présidence de la Commission européenne (1984-1994).

Pour consolider l'engagement européen de la France, F. Mitterrand choisit de soumettre au référendum la révision constitutionnelle nécessaire pour ratifier le traité de Maastricht. Beaucoup pensaient que le oui l'emporterait facilement. Mais il suscita une double et vigoureuse opposition : l'extrême-gauche, les communistes et une partie des Verts refusaient une Europe capitaliste et bureaucratique, tandis qu'à droite, au refus prévisible du Front national s'ajouta celui d'une partie du RPR, attachée à la souveraineté nationale, de même qu'aux marges du PS le Mouvement des citoyens (MDC) de J.-P. Chevènement. Le 20 septembre 1992, le oui l'emporta de justesse, avec 50,81 % des voix en métropole.

Les mouvements des capitaux ayant été libérés au 1er juillet 1990, le traité de Maastricht impliquait la création en 1994 d'un Institut monétaire européen chargé de contrôler la convergence des économies et de dresser la liste des pays qui, remplissant les critères requis en matière d'inflation, de déficit public et de dette, pourraient passer à l'étape suivante : la création de la Banque centrale européenne en 1998 et l'adoption d'une monnaie commune à onze pays, l'euro, au 1er janvier 1999. Malgré les difficultés, ce programme fut respecté. L'euro remplaça le franc le 1er janvier 2002.

L'espace européen se construit simultanément pour la circulation des personnes. La convention de Schengen, signée par la France en 1990, supprime à partir de 1995 le contrôle des personnes aux frontières communes aux États signataires en contrepartie d'une coopération renforcée des justices et des polices. Le contrôle de l'immigration doit donc s'effectuer aux frontières de l'espace de Schengen. Le débat sur l'Europe recoupe ainsi le débat autour de l'immigration qui, pour la première fois de notre histoire, occupe le devant de la scène politique.

En revanche, la construction politique de l'Europe n'avance guère. Des tensions apparaissent, notamment à l'occasion de l'épidémie de vaches folles au Royaume-Uni. Alors même qu'elle décide de s'élargir à douze pays de l'Est (Helsinski, septembre 1999) et adopte un programme ambitieux (Lisbonne, mars 2000), il apparaît que les mécanismes communautaires, déjà mal adaptés à l'Europe des Quinze, ne peuvent fonctionner efficacement à vingt-sept. Le sommet de Nice (décembre 2000) n'ayant abouti qu'à un compromis boiteux, on décide un an plus tard de créer une Convention chargée de préparer la refonte des institutions européenne. V. Giscard d'Estaing la préside. Pour entrer en vigueur, le traité constitutionnel qu'elle élabore doit être adopté par les quinze États. Or la France le refuse par 54,7 % des voix au référendum du 29 mai 2005. Une étape se termine.

Libéralisation et décentralisation

Une autre évolution structurelle transforme l'État en profondeur et en limite les pouvoirs.

C'est d'abord une libéralisation de l'information. À peine élu, V. Giscard d'Estaing met fin au monopole de l'ORTF, symbole du contrôle gouvernemental de l'information. La loi du 7 août 1974 crée sept sociétés publiques, dont trois chaînes de télévision. En 1982, les socialistes instituent une Haute Autorité de l'audiovisuel, pour nommer les présidents des chaînes et attribuer les fréquences aux radios qui se multiplient, puis ils autorisent deux chaînes privées (1985). De retour au pouvoir, la droite remplace la Haute Autorité par une Commission nationale de la communication et des libertés qui privatise la première chaîne et attribue les deux chaînes privées à de nouveaux opérateurs. Le secteur public de l'audiovisuel se réduit alors à Antenne 2 et France 3. La gauche se contentera après 1988 de remplacer la CNCL par le Conseil supérieur de l'audiovisuel (CSA).

C'est ensuite une libéralisation de la vie politique. Adepte de la « décrispation », V. Giscard d'Estaing abaisse à 18 ans l'âge de la majorité civile et politique ; il permet la saisine du Conseil constitutionnel par le cinquième des membres de l'une ou l'autre assemblée (loi du 21 octobre 1974) ; il décide que les élections au parlement européen de Strasbourg auront lieu au suffrage universel direct ; enfin une loi de 1975 met fin au statut particulier de Paris, qui élira désormais un maire comme les autres villes. Les citoyens sont protégés contre les abus des administrations par l'organisation de l'accès aux documents administratifs et la création de la Commission Nationale Informatique et libertés (1978). Les socialistes poursuivent dans cette voie, avec l'abolition de la peine de mort (loi du 17 septembre 1981) et une loi municipale qui assure l'existence d'une majorité en même temps que la représentation de la minorité (20 octobre 1982). Mais ils vont beaucoup plus loin : la décentralisation est une réforme majeure.

L'État français était jacobin : dans chaque département, le préfet, représentant du gouvernement, avait de grands pouvoirs. Il contrôlait de près les municipalités, pouvait inscrire d'office certaines dépenses à leur budget et son accord était requis pour que les décisions des conseils municipaux puissent s'appliquer. Il était l'exécutif des départements : leur budget était certes voté par les conseils généraux, mais il était proposé et exécuté par le préfet. Les établissements publics régionaux (loi du 5 juillet 1972), composés de représentants des conseils généraux, n'avaient que des pouvoirs limités. Le préfet exerçait ainsi une véritable tutelle sur les pouvoirs locaux.

La gauche modifie radicalement cet édifice. La loi du 2 mars 1982 fait de la région une collectivité territoriale, avec un conseil élu, au même titre que les départements et les communes. Les délibérations des conseils régionaux, généraux et municipaux deviennent exécutoires de plein droit. Les maires, présidents des Conseils généraux et régionaux, exercent désormais pleinement le pouvoir local. Si les préfets jugent leurs décisions illégales, ils peuvent seulement demander au tribunal administratif de les annuler. Dans chaque région, des Chambres régionales des comptes sont créées pour contrôler la gestion des collectivités territoriales.

Des lois ultérieures répartissent les compétences entre ces collectivités. Les régions reçoivent compétence pour l'aménagement du territoire, la formation professionnelle, la construction, l'entretien et le fonctionnement des lycées, ceux des collèges étant confiés aux départements qui sont chargés en outre de l'action sociale. Des transferts financiers donnent aux collectivités territoriales les moyens correspondants à ces charges nouvelles.

L'émancipation des collectivités territoriales accroît leur capacité d'initiative et rend possibles des politiques locales différentes. Elle donne un poids politique nouveau aux maires des grandes villes et aux présidents des conseils régionaux. Bientôt apparaît la question des incompatibilités, qui conduit à réduire le nombre des mandats détenus par un même homme politique.

Enfin la loi organique sur les lois de finances (LOLF, 1er août 2001), d'apparence technique, amorce une transformation profonde de l'administration. L'organisation du budget en missions, subdivisées en programmes, entraîne une révision générale des politiques publiques dont les conséquences à moyen terme sont importantes.

Les affaires

Un dernier trait caractérise la vie politique des vingt dernières années du siècle : l'importance des affaires. Ce n'est ni une particularité française ni une nouveauté : tous les pays connaissent des affaires et, en France même, le scandale de Panama ou l'affaire Stavisky avaient défrayé la chronique. Le fait nouveau est la place envahissante qu'elles prennent dans la vie politique.

C'est que la société se judiciarise ; on ne supporte plus que les accidents ou les malheurs collectifs n'aient pas de responsables ; on veut des coupables, et qui soient punis, pour une tribune qui s'effondre ou une avalanche meurtrière. L'indépendance des juges s'accroît, car l'opinion ne tolère plus que des pressions politiques étouffent les affaires. Or le coût croissant des campagnes électorales (spots TV, campagnes d'affichage, déplacements en avion, etc.) conduit tous les partis à organiser des financements occultes et illégaux, qui s'accompagnent de corruption. La vie politique est jalonnée de multiples scandales, commissions versées par des entreprises en contrepartie de marchés publics ou d'autorisations d'implantations commerciales, avec comptes en Suisse, comptabilité occulte et intermédiaires véreux.

Déjà la campagne présidentielle de 1981 avait été marquée par une affaire sans suite judiciaire : les diamants que V. Giscard d'Estaing aurait reçus en cadeau de Bokassa. Le gouvernement Fabius avait affronté l'affaire du Rainbow Warrior, un bateau de l'association écologiste Greenpeace, coulé par des agents spéciaux français (juillet 1985). Mais c'est à partir de 1986 que les affaires de corruption et de financement occulte des partis éclatent, avec celle du Carrefour du développement, une association créée par un ancien secrétaire d'État qui avait dilapidé plusieurs millions. En 1989, le climat s'alourdit, avec la découverte d'une documentation détaillée sur le système de fausses factures organisé par le bureau d'études Urba-Gracco pour financer le PS.

M. Rocard fait alors adopter une loi sur le financement des partis (15 janvier 1990) ; elle limite strictement les dépenses de campagne et impose des règles strictes de tenue des comptes, assorties de sanctions fortes en cas de non-respect (annulation de l'élection). Cette loi amnistie les délits commis avant le 15 juin 1989 ; les parlementaires n'en bénéficient pas mais ils n'en sont pas moins accusés de s'être auto-amnistiés, ce qui indigne l'opinion d'autant plus que les affaires se multiplient, touchant tous les partis et mettant en cause des hommes politiques de premier plan.

À gauche, deux trésoriers du PS, tous deux anciens ministres, sont inculpés ou condamnés, les maires d'Angoulême et de Béthune ainsi que des maires communistes. L'ancien Premier ministre P. Bérégovoy se suicide le 1er mai 1993 après qu'on eût appris qu'il avait reçu d'un ami de F. Mitterrand un prêt d'un million. B. Tapie subit plusieurs condamnations. À droite sont frappés le maire de Nice et celui de Lyon, ministre en 1986, trois ministres du gouvernement Balladur (dont le maire de Grenoble et le président du Conseil régional de Lorraine), le président du Conseil général du Var, celui de l'Oise, secrétaire général du RPR. A. Juppé est lui-même mis en cause pour avoir loué à la ville de Paris un logement en dessous de son prix, tandis que les affaires de fausses factures, de marchés biaisés, d'emplois fictifs se multiplient autour des HLM des Hauts-de-Seine, du conseil régional d'Île-de-France et de la ville de Paris, en attendant l'affaire des faux électeurs de Paris. Par contraste, leur réputation d'intégrité vaut un réel crédit dans l'opinion à des hommes comme M. Rocard, E. Balladur ou L. Jospin.

Une autre affaire frappe le parti socialiste : celle du sang contaminé. Une nouvelle maladie, sexuellement transmissible, est apparue : le SIDA, aux conséquences fatales. On découvre qu'elle se transmet aussi par le sang, ce qui rend les transfusions dangereuses. Or beaucoup d'hémophiles y ont recours et la contamination se répand parmi eux. Les médecins qui leur ont prescrit ces transfusions ne sont pas inquiétés par les parents des victimes qui, en revanche, mettent en cause le Centre national de transfusion sanguine. Plusieurs responsables sont condamnés, mais on veut que les responsables politiques rendent des comptes. Deux ministres de l'époque et le Premier ministre L. Fabius sont mis en accusation, alors même que la France n'a pas attendu plus que la plupart des pays touchés par l'épidémie pour prendre les mesures nécessaires et le Parlement accepte (1992) qu'ils soient jugés en Haute Cour. La vie politique est ainsi scandée par les affaires, et leurs multiples rebondissements : perquisitions, mises en examen, jugements, appels, etc.

Les forces politiques

La droite

La droite n'a pas changé de culture politique : elle est attachée au libéralisme économique, aux valeurs d'autorité, d'ordre et de sécurité, aux traditions morales qu'incarne le soutien de l'enseignement privé ; elle veut un État fort, mais dont le domaine d'intervention soit strictement limité. Elle conserve même un soupçon de colonialisme et adopte en Nouvelle-Calédonie une politique de fermeté qui se solde par la mort d'une vingtaine d'indépendantistes à Ouvéa (5 mai 1988) : M. Rocard parviendra à renouer le dialogue et à rétablir la paix civile par un compromis, les accords de Matignon (26 juin). De cette culture commune, les différentes composantes de la droite n'avaient jamais développé également tous les éléments, mais de Gaulle avait su les rassembler. Le dernier quart du siècle voit au contraire leur division.

Le parti gaulliste avait été affaibli, en 1974, par le ralliement de J. Chirac à la candidature de V. Giscard d'Estaing, contre J. Chaban-Delmas, un gaulliste historique, ancien résistant. Une nouvelle génération remplace les « barons » du gaullisme. En 1976, ce renouvellement est symboliquement affirmé par un changement de nom : J. Chirac constitue le Rassemblement pour la République (RPR), qui succède à l'UDR et où son autorité s'impose bientôt sans conteste.

Majoritaires au sein de la droite, les gaullistes qui contrôlent de nombreux secteurs de l'État, supportent mal le libéralisme de V. Giscard d'Estaing et la façon dont il place à des postes stratégiques, notamment à la télévision, des personnalités proches de lui. J. Chirac n'accepte pas la candidature d'un giscardien à la mairie de Paris et il se présente avec succès, conquérant ainsi une place qui lui donne notoriété et moyens d'action (1977). V. Giscard d'Estaing regroupe alors (1978) les formations de droite non gaullistes dans l'Union pour la Démocratie française (UDF). La pression de la gauche oblige le RPR et l'UDF à surmonter en apparence leurs divisions, mais au libéralisme avancé du septennat giscardien, le RPR oppose une ligne plus dure qui s'exprime, notamment, avec la loi « sécurité et liberté » de 1980. Et J. Chirac se présente aux présidentielles de 1981 contre V. Giscard d'Estaing.

L'arrivée au pouvoir des socialistes ne réconcilie pas durablement leurs adversaires. Les critiques réciproques que s'adressent R. Barre et J. Chirac lors des présidentielles de 1988 les affaiblissent mutuellement. L'UDF, qui n'avait jamais été une structure forte, éclate en multiples tendances où joue notamment l'opposition de la tradition sociale-chrétienne et du néo-libéralisme. Puis le débat sur Maastricht divise le RPR. Si J. Chirac défend le oui, d'autres le combattent, dont certains rejoignent le Rassemblement pour la France (RPF) de P. de Villiers, une petite formation souverainiste, traditionaliste et sécuritaire. La rivalité d'E. Balladur et de J. Chirac, candidats l'un contre l'autre aux présidentielles de 1995 achève de déstructurer le RPR. La création en 2002 de l'UMP, l'union pour un mouvement populaire, vise à rassembler et à unir toute la droite présidentielle, y compris l'UDF qui l'accepte, à l'exception de son leader, F. Bayrou, durablement isolé.

Affaiblie par ses divisions, la droite de gouvernement l'est en outre par la concurrence de nouvelles formations. Un mouvement sectoriel, Chasse, pêche, nature et tradition, né dans le Sud-Ouest de l'hostilité aux règlements européens limitant la chasse, lui prend des électeurs. Aux élections de 1997, il multiplie ses candidatures et recueille 12,2 % des voix. Mais ses plus grandes difficultés lui viennent du Front national.

L'immigration et le Front national

L'émergence du Front national dans la vie politique française est indissociable de la montée du chômage dont ce mouvement rend responsable l'immigration.

En 1974, devant la crise économique qui commençait, le gouvernement avait adopté en ce domaine une politique qui comprenait deux volets : contrôler efficacement l'immigration et intégrer les immigrés. Sur le long terme, cette politique a été poursuivie avec continuité, mais la droite a mis l'accent sur le premier volet, la gauche sur le second. D'où des conflits très vifs qui structurent les identités politiques de la période.

Pour faciliter l'intégration, la gauche régularise en 1981 la situation de 130 000 clandestins. En 1986, la droite renforce le contrôle de l'immigration et fait reconduire à la frontière, au besoin par charter, les étrangers en situation irrégulière. Puis elle entreprend de réformer le code de la nationalité. Devant l'ampleur des protestations, J. Chirac nomme une commission qui remet son rapport au début de 1988. Ajourné par le retour de la gauche au pouvoir, ce projet revient à l'ordre du jour en 1993 : la loi du 24 juin restreint l'acquisition de la nationalité française par mariage et oblige les enfants nés en France de parents étrangers à demander formellement la nationalité française qui leur était acquise jusqu'alors automatiquement. Le contrôle de l'immigration est renforcé et les prestations sociales réservées aux étrangers en situation régulière. Enfin, la loi Debré (23 avril 1997) facilite les contrôles de police, autorise la rétention administrative, permet aux préfets de retirer les titres de séjour et les charge de délivrer les certificats d'hébergement. Cette politique suscite des protestations, comme des occupations d'églises, qui continuent sous le ministère Jospin, car celui-ci se contente de retoucher la loi Debré et de procéder à des régularisations strictement encadrées pour ne pas relancer l'immigration clandestine.

L'importance prise par ce thème s'explique en partie par la montée du chômage et de l'insécurité, notamment dans les grands ensembles de logements sociaux des banlieues. Mais la montée en puissance du Front national de J.-M. Le Pen, a beaucoup radicalisé le débat.

L'extrême-droite n'avait jamais pesé très lourd en France, même quand le fascisme déferlait sur l'Europe. Elle trouve en Le Pen un leader à l'aise dans les médias et capable de mobiliser des foules. Son programme consiste à chasser les étrangers et à réserver aux Français les emplois et le bénéfice de la protection sociale. Il accuse la droite comme la gauche de détruire la France en laissant les étrangers envahir le pays et en construisant l'Europe. Ce discours sécuritaire et populiste, xénophobe et antisémite, touche des publics socialement et idéologiquement très divers, des déçus du communisme aux nostalgiques de l'Algérie française.

Le FN émerge aux municipales de 1983. Aux européennes de 1984, il dépasse 10 % des voix, et 9,8 % aux législatives de 1986 où il obtient 35 députés grâce au scrutin proportionnel de liste institué par la gauche. Le contrôle musclé de l'immigration organisé alors par le gouvernement Chirac pour capter ses électeurs légitime plutôt son discours. Le Pen obtient 14,4 % aux présidentielles de 1988 et le FN 9,65 % aux législatives qui suivent, pour lesquelles le scrutin uninominal a été rétabli. Il oscille ensuite entre 10 et 12 % des voix, jusqu'en 1995, où il semble franchir un nouveau palier, avec 15 % au premier tour des présidentielles, 14,9 % aux législatives de 1997, 15 % aux régionales de 1998.

À ce niveau, pour la droite classique qu'il combat – « Chirac, c'est Jospin en pire », déclare Le Pen en 1995 –, il constitue un obstacle majeur. On le voit bien après les régionales de 1998 : dans plusieurs régions, la droite, minoritaire sans le FN, devrait accepter ses conditions pour exercer le pouvoir, ce que ses thèses xénophobes et antisémites rendent moralement inacceptable à beaucoup d'élus et d'électeurs de cette droite. Elle doit donc laisser le pouvoir à une gauche pourtant minoritaire.

Menacé par la concurrence du RPF (13,1 % aux européennes de 1999) et affaibli par une scission interne, le FN reste important dans un système ou la personnalité des leaders compte beaucoup. Le Pen est un personnage encore assez fort pour arriver en seconde position au premier tour des présidentielles de 2002 et devancer L. Jospin avec 16,86 % des voix. Mais il vieillit. En pourchassant les immigrés sans papiers et en reprenant le programme sécuritaire du FN, l'UMP de N. Sarkozy séduit une bonne partie de ses électeurs. Aux législatives de 2007 le FN fait moins de 5 % des voix. L'hypothèque que l'extrême-droite faisait peser sur la droite semble levée.

La gauche et les Verts

Pendant les années de Gaulle, la gauche était discréditée. La tentative de F. Mitterrand pour la restructurer après les élections de 1965, avec la FGDS (Fédération de la gauche démocratique et socialiste), n'avait pas résisté aux événements de 1968.

Le fait majeur est la reconstruction du parti socialiste après le congrès d'Épinay (1971), qui porte à sa tête F. Mitterrand. Celui-ci entreprend d'en faire un outil pour la conquête du pouvoir et il lui insuffle un nouveau dynamisme. En 1972, il signe un programme commun de gouvernement avec le parti communiste qui le soutient au premier tour des présidentielles de 1974. Le PC est alors encore plus fort que le PS (21,4 % des voix aux législatives de 1973 contre 20,7 % au PS et à ses associés). Cependant, le PS, rejoint en 1974 par des syndicalistes de la CFDT et des transfuges du PSU, dont M. Rocard, ne cesse de se renforcer ; en 1977, la gauche gagne 156 des 221 villes de plus de 30 000 habitants et elle semble devoir l'emporter aux législatives de 1978. La majorité serre les rangs en réactivant d'anciens ciments : la loi Guermeur (1977) consolide le financement des écoles privées et renforce leur caractère propre.

Pourtant, si la droite gagne les législatives de 1978, c'est que l'unité de la gauche a volé en éclats : les négociations pour actualiser le programme commun ont échoué devant les exigences du PC. Celui-ci a-t-il craint de se compromettre dans une expérience social-démocrate ? A-t-il préféré une victoire de la droite à celle d'une gauche où le PS aurait eu le premier rôle ? Toujours est-il qu'il dénonce le « virage à droite » du PS et qu'il le combat au premier tour des législatives, ce qui rend plus inquiétant que crédible le soutien qu'il lui apporte au second. Distancé de fait aux élections par le PS (20,6 % contre 22,8 %) il revient à la tradition stalinienne dont il avait semblé s'écarter en 1976, quand il renonçait à la dictature du prolétariat. Alors que la gauche vibre avec les syndicalistes de Solidarnosc en Pologne, il déclare « globalement positif » le bilan des démocraties populaires et il approuve l'intervention soviétique en Afghanistan. Dans ce contexte, ni sa participation opportuniste au gouvernement de P. Mauroy ni son refus de participer à celui de L. Fabius ne restaurent son crédit.

La politique d'alliance avec le PC voulue par F. Mitterrand entraîne ainsi son déclin : au premier tour des présidentielles de 1981, F. Mitterrand obtient 26 % des voix et le candidat communiste, G. Marchais, 15,5 % seulement. Recul historique que confirment les législatives (16,1 %) et qu'aggrave la participation au gouvernement. Ramené à 11,2 % des voix aux européennes de 1984, le PC passe en dessous de la barre des 10 % aux législatives de 1986, à égalité avec le FN. Il ne franchira plus désormais ce seuil. La configuration des forces politiques est durablement modifiée.

Le PS est lui-même traversé de multiples tendances. Les héritiers historiques de F. Mitterrand se divisent : le congrès de Rennes (1990) voit s'affronter L. Fabius et L. Jospin, premier secrétaire de 1981 à 1988. F. Mitterrand, atteint d'un cancer, n'est plus en mesure d'imposer son autorité. Ces divisions, jointes aux scandales, entraînent la défaite cinglante des socialistes aux élections de 1993. M. Rocard prend alors leur tête, sans réussir à s'imposer. Avec 14,5 % des voix seulement, la liste qu'il conduit aux européennes de 1994 subit un échec cuisant, une liste radicale conduite par B. Tapie et soutenue par l'Élysée ayant recueilli 12 % des voix. M. Rocard démissionne. Atteint dans son potentiel électoral, affligé de leaders discrédités par les affaires et par ses divisions, le PS semble durablement écarté du pouvoir.

Il y revient pourtant trois ans plus tard. D'une part, il était riche de gestionnaires éprouvés : les municipalités socialistes constituaient de solides bastions, d'où mener une reconquête. D'autre part, il fait preuve de cohérence et de démocratie en choisissant au suffrage universel de ses militants L. Jospin, comme candidat aux présidentielles de 1995. Le score de celui-ci lui redonne espoir, et la dissolution surprise de 1997 le met au pouvoir, à la tête d'une coalition qui comprend, outre le PC, les Verts.

Cette nouvelle composante de la gauche est l'aboutissement d'un mouvement écologiste, antinucléaire, longtemps divisé en plusieurs tendances dont l'une se voulait étrangère au clivage gauche/droite et l'autre s'était ralliée à la gauche en 1988. Leurs meilleurs résultats électoraux avaient été obtenus aux européennes sans dépasser 5 % des voix toutes tendances réunies en 1994. Mais leurs militants s'engagent dans les mouvements de défense des sans-travail, des sans-logement et des sans-papiers. Leur leader, D. Voynet, obtient 3,23 % des voix aux présidentielles de 1995. Aux législatives de 1997, leur score s'améliore à 6,81 % et D. Voynet devient ministre. Aux européennes de 1999, leur liste emmenée par D. Cohn-Bendit, l'ancien leader étudiant de 1968, devance celle des communistes, avec 9,7 % des voix. Il y a là, dans une gauche devenue « plurielle », une composante nouvelle qui traduit à la fois une nouvelle sensibilité aux faits de sociétés et une nouvelle culture.

Enfin, une extrême-gauche se développe autour de personnages comme J. Bové ou O. Besancenot. Le second émerge dans la présidentielle de 2002, comme candidat de l'une des deux formations trotskystes : il obtient 4,25 % des voix au premier tour, devançant le candidat du PC (3,37 %). Ce jeune facteur sympathique qui parle clair cristallise l'opposition au capitalisme et à ceux qui le gèrent, fussent-ils de gauche. Le premier la met en œuvre dans le champ social par des actions illégales largement médiatisées. Ce fils d'universitaires installé comme éleveur de brebis sur le Larzac se fait connaître par le saccage d'un Mac Donald en construction à Millau (1999), symbole de la « malbouffe » et de l'impérialisme américain, et il poursuit son action, malgré plusieurs condamnations, en fauchant des champs de maïs génétiquement modifié (2004).

Au terme, provisoire, de cette recomposition, le paysage n'est plus exclusivement structuré par les quatre formations majeures, RPR, UDF, PS et PC. La droite s'est unie, malgré la dissidence de l'UDF, F. Bayrou, qui recueille pourtant 18,6 % des voix aux présidentielles de 2007. Le recul du PC, l'apparition de petits mouvements, comme le RPF à droite ou le MDC et les trotskystes à gauche, l'émergence des Verts, dessinent une configuration politique plus diversifiée et plus proche de la IVe République. Les alternances et les cohabitations ont rendu le régime plus parlementaire ; l'exécutif doit compter davantage avec le pouvoir judiciaire qui s'émancipe. Certes, l'État demeure plus fort que dans beaucoup de pays, mais ses attributions ont été réduites à la fois par en haut et par en bas, avec la construction européenne et la décentralisation. Sans changement institutionnel majeur, le régime a changé de visage.

Chapitre 8

Une société en mutation

Repères chronologiques

1971	Suspension de la convertibilité du dollar (15 août)
1973	Embargo des pays de l'OPEP sur le pétrole dont les prix quadruplent (octobre)
1975	Loi Veil sur l'interruption volontaire de grossesse (17 janvier)
	Loi sur le divorce par consentement mutuel (2 juillet)
1982	Première fête de la musique (21 juin)
1984	Manifestation contre le projet Savary sur l'enseignement privé (24 juin)
	Le Président retire le projet Savary (12 juillet)
1985	Création du baccalauréat professionnel (23 décembre)
1997	Loi Debré sur le contrôle de l'immigration (23 avril)
1999	Loi créant le Pacte civil de solidarité (PACS, 15 novembre)
2002	Accord sur la création du Conseil français du culte musulman (20 décembre)
2004	Loi sur le voile (15 mars)

L'économie : crise et mutations

La crise économique

Les « Trente Glorieuses » avaient habitué à la croissance et au plein-emploi. On croyait les crises définitivement révolues. Mais voici qu'elles reviennent. Il semble d'abord qu'il s'agisse de simples accidents conjoncturels, provoqués par deux événements précis : le désordre monétaire et le choc pétrolier. Bientôt, pourtant, la crise s'avère plus profonde.

Le désordre monétaire naît de la décision prise en 1971 par les USA de laisser flotter le dollar. Depuis 1944 (accords de Bretton Woods), pour prévenir le retour de crises analogues à celle de 1929, ils avaient imposé des taux de change fixes et la convertibilité de chaque monnaie avec l'or. Mais le dollar étant devenu la monnaie des échanges internationaux, le montant des dollars en circulation avait perdu tout rapport avec les réserves d'or censées les gager. Très endettés, les États-Unis craignaient que leurs créanciers ne demandent à être remboursés en or et ils décidèrent unilatéralement de suspendre la convertibilité du dollar. Ce qui désorganisa tout le commerce international en soumettant les prix des produits à des variations sans rapport avec leur valeur réelle.

L'impact de cette mesure fut sensible pour la France car près de 20 % de la production industrielle était exportée. La création du SME en 1979, avec des parités fixes mais ajustables entre les monnaies du marché commun, remédia en partie à cette situation nouvelle mais les monnaies nationales restaient vulnérables ; en achetant ou en vendant une monnaie contre une autre, par exemple du franc contre du mark, les spéculateurs provoquaient des crises récurrentes. La monnaie unique les dissuade car elle exigerait des capitaux beaucoup plus importants. Le problème n'est pourtant pas totalement réglé : tant que le prix des airbus sera libellé en dollars, et non en euros, les Européens devront prendre de coûteuses garanties de change pour éviter qu'une hausse du dollar ne transforme leur bénéfice en perte.

Le choc pétrolier fournit une seconde explication à la crise. Les pays de l'OPEP (organisation des pays exportateurs de pétrole) relèvent brutalement le prix du pétrole, qui quadruple une première fois de décembre 1973 à juin 1974 et double encore entre décembre 1978 et décembre 1979 (second choc pétrolier). Or le bas prix du pétrole avait développé son utilisation : il avait supplanté le charbon coûteux à extraire et moins simple à utiliser. En 1973, les importations de pétrole représentaient 77,5 % des ressources énergétiques de la France. Le premier choc pétrolier ampute le PIB de 4 % et provoque une inflation de 13,7 % en 1974. Le second relance l'inflation à plus de 10 % par an de 1979 à 1982 (inclus). Le déficit du commerce extérieur se creuse car les importations de pétrole sont massivement renchéries tandis que les exportations diminuent puisque les prix ne sont plus compétitifs.

Pour réduire la dépendance énergétique qui rendait le pays très vulnérable au choc pétrolier, le gouvernement développe massivement l'électricité nucléaire : 41 centrales nucléaires sont construites entre 1975 et 1981. La consommation de pétrole recule de 126 millions de tonnes en 1973 à 100 en 1980. À la fin des années 1980, la France ne dépend plus que pour moitié de ses importations en matière d'énergie.

Cependant, la crise se poursuit. Après le point bas de 1981, une lente remontée conduit à l'embellie des années Rocard (1988-1990), que suit une rechute en 1993. Cette stagnation est trop durable pour s'expliquer seulement par des accidents de conjoncture.

Le poids du chômage

La crise présente deux traits originaux. D'une part, ce n'est pas une véritable récession, à la différence de celle des années 1930. De 1973 à 1995, le PIB n'a connu que deux années de recul (1975 et 1981) et il a continué à croître autour de 2 % par an. Ce taux de croissance s'appliquant à une économie plus développée, la richesse supplémentaire produite de 1972 à 1996 a été égale à celle enregistrée de 1949 à 1972. D'autre part, alors que les crises antérieures se caractérisaient par une baisse des prix, celle-ci est marquée au contraire par une inflation si forte qu'elle a été souvent supérieure aux taux d'intérêt, favorisant ainsi les emprunteurs. En douze ans, de 1973 à 1984, les prix ont été multipliés par trois ; certes, l'inflation s'est ensuite ralentie, tombant en dessous de 3 % par an à partir de 1992, mais au total, de 1973 à 1997, les prix ont été multipliés par 4,4. Le terme de « stagflation » désigne ce mélange de stagnation et d'inflation.

L'impression d'une crise, bien qu'exagérée, doit beaucoup à un troisième phénomène, d'importance capitale : le chômage. Depuis la guerre, la France avait connu le plein-emploi. En 1967, on s'inquiète de la montée du chômage, qui dépasse les 500 000 chômeurs. Ce n'est rien encore : à partir de 1973, le chômage devient massif : on dépasse un million de chômeurs en 1975, deux en 1982 et trois en 1995 (voir annexe n 9). Plus de 10 % de la population active est frappée dans les dernières années du siècle. C'est plus qu'en Allemagne ou en Grande-Bretagne, car, à la crise, s'ajoute le déséquilibre démographique : les classes d'âge qui arrivent sur le marché du travail sont nettement plus nombreuses (de 100 000 environ) que celles qui en sortent par la retraite.

Les gouvernements sont tous impuissants à lutter efficacement contre ce fléau social, ce qui affaiblit leur crédibilité. Les remèdes qu'ils utilisent se ressemblent : tous ont pour principe d'une part de développer les stages, pour occuper les chômeurs et leur donner une qualification dont on espère qu'elle leur permettra de trouver un emploi, d'autre part de créer, notamment pour les jeunes, des emplois affranchis des contraintes du marché du travail, comportant des charges sociales allégées et une rémunération inférieure aux emplois « normaux », en contrepartie d'une formation d'accompagnement. Ce sont les TUC (travaux d'intérêt collectif) en 1984, les SIVP (stages d'initiation à la vie professionnelle) en 1985, les CES (contrats emploi solidarité), les contrats de qualification, et en 1997 les emplois-jeunes. Simultanément, des conditions favorables encouragent les retraites anticipées pour limiter les licenciements « secs ». Enfin, un effort est fait pour réduire le coût du travail en réduisant les charges sociales qui pèsent sur les bas salaires. D'où un financement partiel de la Sécurité sociale par l'impôt, avec la création de la CSG (contribution sociale généralisée, loi du 29 décembre 1990) : un prélèvement sur l'ensemble des revenus assorti d'une réduction des cotisations sociales.

La menace du chômage bouleverse le paysage social. L'époque est révolue de la stabilité des statuts sociaux. Sauf dans la fonction publique, les salariés sont exposés au risque de perdre brutalement leur emploi, et avec lui, leur statut social et leur niveau de vie. D'autres accidents, comme un divorce, viennent plus souvent qu'autrefois déséquilibrer des ménages habitués à vivre d'un double salaire. Des trajectoires sociales qui semblaient favorables se brisent en quelques mois, précipitant les individus dans des difficultés qui les submergent. Des jeunes, qui ne réussissent pas à s'insérer dans la société, s'installent dans une marginalité durable. Alors que la France ne cesse de s'enrichir, voici que reparaît une pauvreté qu'on croyait à jamais conjurée. Le gouvernement

Rocard crée en 1990 le revenu minimal d'insertion (RMI, loi du 1er décembre 1988) pour tenter d'y faire face : depuis 1998, il compte toujours plus d'un million de bénéficiaires, et pourtant les moins de 25 ans n'y ont pas droit. En 1994-1996, on considère que 8 % des adultes vivent en dessous du seuil de pauvreté (3 200 F de l'époque par mois) et Paris intra-muros compte environ 8 000 sans-domicile fixe. Les dispositifs administratifs sont impuissants à résorber ce Quart-Monde, et l'on voit reparaître les entreprises caritatives ou philanthropiques d'antan, sous des formes renouvelées, avec les Restos du cœur (1985), le Samu social et de multiples associations. La « lutte contre l'exclusion » devient ainsi le mot d'ordre d'une société opulente, incapable de combattre efficacement la déchirure sociale.

Les politiques économiques

Les politiques économiques sont plus contrastées que les politiques sociales. Le libéralisme avancé de V. Giscard d'Estaing visait autant l'économie que les mœurs. R. Barre, choisi pour sa réputation de « meilleur économiste » de France, met fin progressivement (1978-1979) au contrôle des prix, hérité de la guerre. Pour lutter contre l'inflation, il mise sur la concurrence. Cette politique aurait peut-être réussi, si le second choc pétrolier n'avait brutalement relancé l'inflation.

Les socialistes arrivent au pouvoir dans ce contexte économique dégradé. Ils mènent d'abord une tout autre politique ; indifférents à l'inflation, pour relancer la consommation, ils augmentent les salaires (SMIC + 10 %), le minimum vieillesse (20 %) et les allocations familiales (25 %), ils créent des emplois dans la fonction publique (54 000 en 1981, 60 000 au budget de 1982) et ils incitent les entreprises privées à embaucher avec l'abaissement à 60 ans de l'âge de la retraite et la réduction à 39 heures de la durée du travail. Pour réorganiser l'économie, ils procèdent à d'amples nationalisations à 100 % qui incluent les filiales (Compagnie générale d'électricité, Saint-Gobain, Péchiney, Ugine-Kuhlman, Rhône-Poulenc, Thomson-Brandt, les 39 plus grosses banques et les compagnies financières de Paribas et de Suez). Là où l'on doit compter avec les participations étrangères (Matra, Dassault, Usinor, ITT-France, Honeywell-Bull, Roussel-Uclaf), des prises de participation négociées donnent à l'État le contrôle des entreprises. Le secteur public augmente ainsi fortement : en 1985, il représente 20 % de la valeur ajoutée et 35 % des investissements de toute l'économie, agriculture exclue.

Cette politique permet de redresser de grandes entreprises en difficulté du fait de querelles de pouvoir ou de besoins d'investissement. Certains succès à long terme (Usinor) trouvent là leur origine. Mais, à court terme, la crise creuse les déficits et l'indemnisation des actionnaires met 43 milliards à la charge d'un budget déjà obéré par la hausse des dépenses sociales et l'augmentation du nombre de fonctionnaires. La relance de la consommation entraîne une croissance des importations qui répondent à la demande plus vite que la production nationale. Or le pari de la relance reposait sur une hausse de la production créatrice d'emplois et de rentrées fiscales. Loin d'entrer dans le cercle vertueux de la croissance, la France s'enfonce dans la crise ; le franc est dévalué par rapport au mark de 8,5 % en octobre 1981, puis de 10 % en juin 1982. En mars 1983, une nouvelle dévaluation est indispensable.

C'est l'occasion d'un choix capital dont les enjeux sont à la fois monétaires, économiques et politiques. Le dimanche 20 mars 1983, tandis que J. Delors négocie à Bruxelles un « réajustement » du franc, le débat secoue le gouvernement. Certains proposent de laisser flotter le franc et de sortir du SME. Pour préserver le rôle de la France en Europe, F. Mitterrand choisit de rester dans le SME et d'en assumer les conséquences. Elles sont lourdes : la politique de rigueur, que J. Delors met en œuvre aussitôt et inscrit dans le budget 1984, bloque les salaires, augmente les impôts et les tarifs publics, impose un emprunt obligatoire de 10 % de l'impôt sur le revenu, limite les achats de devises. Poursuivie par L. Fabius, cette politique réduit fortement l'inflation, mais elle déçoit l'électorat socialiste sans porter ses fruits assez tôt pour éviter l'échec en 1986.

La droite revenue au pouvoir poursuit la politique de rigueur mais dans un contexte opposé. Le gouvernement supprime le contrôle des changes et rétablit l'anonymat pour les transactions sur l'or, tandis qu'une amnistie douanière et fiscale fait revenir des capitaux qui avaient fui illégalement la France socialiste. Surtout, il supprime l'impôt de solidarité sur la fortune que les socialistes avaient créé : financièrement mineure, cette mesure avait une portée symbolique forte et fut comprise comme un signe sans équivoque.

C'est l'époque où l'ultra-libéralisme – « l'État n'est pas la solution mais le problème » - triomphe aux USA et en Grande-Bretagne avec R. Reagan et Mme Thatcher. Le gouvernement Chirac adhère à cette ligne qui semble réussir. Pour aller vers moins d'État, il veut privatiser. Comme le Président refuse de le faire par ordonnance, il procède par la loi (6 août 1986). La privatisation ne touche pas seulement des entreprises nationalisées quatre ans plus tôt, comme Saint-Gobain, la CGE ou Matra, Suez, Paribas ou le CCF, mais aussi des entreprises qui avaient toujours été nationales, comme l'agence Havas ou TF1, privatisée par la loi du 30 septembre 1986 sur la communication, et des entreprises nationalisées à la Libération comme la Société générale et la BNP.

La victoire de F. Mitterrand en 1988 impose un *statu quo :* c'est le « ni-ni », ni nationalisations ni privatisations. Le gouvernement Rocard sépare cependant les PTT en deux, regroupant les activités de télécommunication dans une société de droit privé, France-Télécom. Après les élections de 1993, les privatisations reprennent sous le gouvernement Balladur (loi du 8 juillet). Elles se font alors dans un relatif consensus : l'idée s'impose que les entreprises du secteur concurrentiel ne peuvent être gérées par l'État. La Commission européenne, attentive aux financements publics qui perturbent la concurrence, comme les impératifs du marché mondial qui impose des alliances internationales, poussent en ce sens. La BNP, Rhône-Poulenc sont ainsi privatisés en 1993, Elf-Aquitaine et l'UAP en 1994, la SEITA, Usinor et Péchiney en 1995. Le capital de Renault est ouvert en 1994, comme celui d'Air France et de l'Aérospatiale. La gauche revenue au pouvoir en 1997 n'interrompt pas ce processus.

Au total, la politique économique qui domine de 1983 à la fin du siècle peut être définie comme une « déflation compétitive ». La poursuite de la rigueur, malgré quelques entorses, réduit l'inflation à des niveaux très inférieurs à ce qu'ils étaient pendant les Trente Glorieuses et qui tombent même en dessous de ceux de l'Allemagne. Les exportations tirent la croissance, en attendant que la consommation intérieure ne prenne le relais. La France remplit ainsi les conditions nécessaires pour entrer dans l'euro. Mais la rigueur se relâche et les gouvernements successifs creusent le déficit budgétaire à partir des années 2000.

Les mutations du système productif

Si la France semble ainsi sortir de la crise, le chômage qui recule n'en reste pas moins très élevé, à près de 10 % de la population active. Les facteurs qui ont déclenché la crise dans les années 1970 ne suffisent pas à expliquer qu'elle ait duré si longtemps. Le choc pétrolier a été absorbé, les changes ont retrouvé un certain équilibre et la richesse nationale n'a cessé de s'accroître ; pourtant, l'on n'a jamais compté moins de 2 millions de chômeurs depuis 1982.

C'est que la crise est, avant tout, un remaniement profond de l'appareil productif. Des pans entiers de l'industrie se sont effondrés, provoquant de véritables sinistres régionaux. Les charbonnages ont tous fermé, malgré la tentative de la gauche pour les soutenir en 1981. La sidérurgie lorraine a pratiquement disparu, incapable de concurrencer, avec son minerai pauvre, de nouvelles sidérurgies au bord de l'eau (Fos, Dunkerque), approvisionnées en minerai importé. Les effectifs de la branche ont reculé de 34 % entre 1975 et 1982, et de 50 % encore de 1982 à 1990. La robotisation a entraîné de fortes réductions de personnel dans les constructions mécaniques et l'automobile : la fermeture des sites historiques de Billancourt (Renault) et du quai de Javel (Citroën) illustre le repli de cette industrie. Les matériaux de construction et le papier carton ont massivement investi dans des *process* continus. Le textile et les vêtements ont connu une véritable déroute devant la concurrence des pays émergents à bas coût de main-d'œuvre. Enfin, le bâtiment a reculé : la production de logements qui dépassait 500 000 unités par an de 1972 à 1975 tombe en dessous de 300 000 dans les années 1990. Au total le secteur secondaire a perdu 30 % de ses salariés de 1975 à 2007. Un recul impressionnant et relativement rapide.

Tandis que la crise démantèle l'industrie, la croissance est tirée par le secteur tertiaire, dont l'effectif salarié augmente de 90 % (voir annexe n° 5). Les services explosent : services financiers et commerciaux (banque, assurance, gestion), mais aussi services aux personnes (+ 126 %), notamment dans la santé ou les soins du corps : la nouvelle culture multiplie les salles de gymnastique et les cours de danse. Hausse des revenus et réduction des horaires de travail poussent l'industrie des loisirs et le tourisme. 41 % des Français partaient en vacances d'été en 1965 et 51,6 en 1976 ; ils sont autour de 65 % en 1993 et près d'un tiers part aussi l'hiver (30 % en 1993-1994 contre 15,7 % en 1972-1973). Comme le tennis, le ski se démocratise. L'industrie des médias n'est pas en reste : quand chaque foyer allume la télévision près de 5 h par jour, les producteurs de variétés, de jeux et de séries embauchent. Les ménages achètent magnétoscope, appareil photo, puis lecteur de DVD et caméscope. L'informatique effectue une percée rapide : baisse des prix et amélioration spectaculaire des performances poussent les entreprises et les ménages à s'équiper : la moitié d'entre eux possèdent un ordinateur en 2005. Les nouvelles technologies de l'information et de la communication (NTIC) envahissent la vie quotidienne, avec les cartes à puces et le paiement électronique, le fax, le téléphone portable et bientôt Internet auquel un Français sur trois a accès en 2005. La rapidité avec laquelle ces innovations se diffusent est spectaculaire : en quatre ans par exemple, de 1999 à 2003, le nombre des téléphones portables est passé de 11 millions à près de 42.

La structure des emplois s'en trouve profondément modifiée. En milliers d'actifs, les agriculteurs exploitants reculent de 1 691 à 613 entre 1975 et 1995, les ouvriers de 8 118 à 7 066 et les artisans, patrons et chefs d'entreprise de 1 767 à 1 613. Inversement, les professions intellectuelles supérieures et les cadres augmentent fortement, de 1 552 à 3 126 (+ 3,6 % par an), les professions intermédiaires de 3 480 à 5 050 et les employés de 5 362 à 7 583. Le graphique ci-contre résume cette évolution : la France de l'an 2000 est massivement dominée par le secteur tertiaire qui représente plus de 70 % des emplois. La nouvelle économie façonne une nouvelle société.

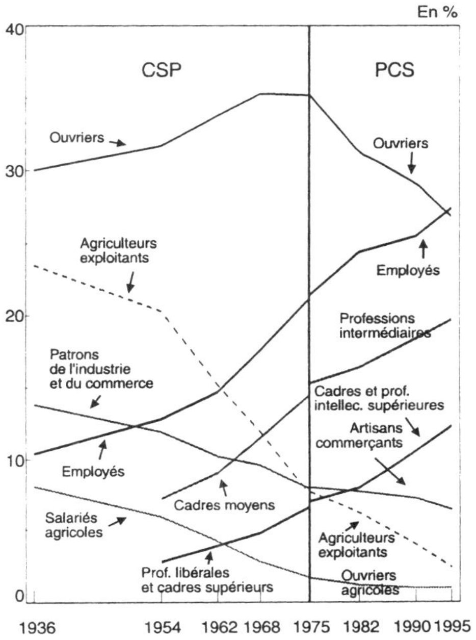

Répartition des principales catégories socioprofessionnelles*

De 1936 à 1975, le graphique utilise la nomenclature CSP, simplifiée par O. Marchand et C. Thélot ; par ailleurs, la catégorie « Contremaîtres » a été enlevée du groupe « Ouvriers » pour être ajoutée au groupe « Cadres moyens ». Les catégories « Armée, police », « Clergé » et « Domestiques » ne sont pas représentées. De 1975 à 1995, le graphique utilise la nomenclature PCS. La catégorie « Ouvriers agricoles » a été enlevée au groupe « Ouvriers » pour être représentée isolément ; la catégorie « Policiers et militaires » a été enlevée du groupe « Employés » (et non représentée) ; la catégorie « Clergé, religieux » a été enlevée du groupe « Professions intermédiaires » (et non représentée).

Sources : 1936 à 1990 : recensements de la population ; 1995 : estimation à partir des enquêtes emploi.

** INSEE-Première, n° 434, mars 1998.*

L'évolution culturelle et les mœurs

La seconde explosion scolaire

Les Trente Glorieuses avaient vu la généralisation du collège, qu'unifie une loi de 1975. Presque tous les jeunes de 15 ans sont alors scolarisés (91,7 %, contre 53 % en 1958) et 85 % de ceux de 16 ans si l'on tient compte des entrées en apprentissage (15 % environ). Commence alors une période de stabilisation. Dans le second cycle, la croissance est ralentie par les procédures d'orientation mises en place en 1973 qui empêchent d'entrer en seconde une partie des élèves, orientés vers d'autres filières. Ces pratiques contrarient les espoirs de nombreuses familles qui se tournent vers l'enseignement privé. Celui-ci n'est plus d'abord choisi par conviction religieuse, mais pour son climat éducatif. Surtout, il offre une chance de rattrapage aux « orientés » de l'enseignement public : 37 % des bacheliers sont passés, à un moment de leur scolarité, par un établissement privé, alors que ceux-ci accueillent au total 24 % seulement des élèves de premier et de second cycle.

Les universités élisent leurs conseils et leurs présidents et se réorganisent sur les ruines des anciennes facultés. Aucune sélection ne limitant l'inscription des bacheliers, le nombre des étudiants augmente régulièrement, mais sur un rythme plus lent de 1975 à 1985 en raison de la faible croissance des lycées :

Nombre d'étudiants dans les universités (IUT exclus)

1970	1975	1980	1985	1990	1995	2000	2005
638 000	749 000	799 200	898 200	1 085 600	1 362 500	1 277 500	1 309 100

Cependant, les transformations de l'économie et le chômage font de l'éducation un enjeu capital : dans un monde où les automatismes industriels et l'informatique prennent une place grandissante, les emplois manuels non qualifiés se font rares et il devient essentiel de réussir ses études. D'où la place prise par les questions scolaires et universitaires dans la vie politique.

C'est d'abord la reprise de la querelle scolaire après 1981. Le ministre A. Savary menait une politique prudente d'appel aux initiatives, avec de larges consultations autour de rapports documentés. Avec la rénovation des collèges, sa seule réforme est une loi sur l'enseignement supérieur (1984). Mais le candidat Mitterrand avait annoncé la réalisation, par la concertation, d'un grand service public unifié et laïque de l'Éducation nationale. Savary négocie, sans y parvenir, un compromis entre les défenseurs de la laïcité et ceux de l'enseignement privé que soutient l'opinion : même les parents d'élèves de l'enseignement public sont soucieux de préserver un moyen d'échapper aux contraintes de l'orientation. La droite mobilise au nom de la liberté d'enseignement qui n'était nullement menacée. Plusieurs manifestations de masse en province sont des succès. Le 24 juin 1984, après le vote par les députés du projet de loi, un million de manifestants, bénis par trois évêques, défilent à Paris. Le Sénat refuse alors de discuter le projet, demandant qu'il soit soumis à référendum. Devant ce blocage, F. Mitterrand retire le projet, le 12 juillet, entraînant la démission du ministre et celle du cabinet.

Le nouveau gouvernement donne la priorité à la formation face à la crise. Prenant l'exemple du Japon, L. Fabius lance en 1985 le mot d'ordre de « 80 % d'une classe d'âge au niveau du baccalauréat ». Pour lui et pour son ministre J.-P. Chevènement, il s'agissait de relever la qualification de la main-d'œuvre, d'où la création simultanée du baccalauréat professionnel (loi du 23 décembre

1985). Mais, avec les 80 %, les barrières de l'orientation cèdent, provoquant une forte croissance des lycées, puis des universités. Plus de 60 % des jeunes obtiennent aujourd'hui un baccalauréat. Les taux de scolarisation à 16, 17 et 18 ans, qui étaient respectivement de 70, 50 et 25 % autour de 1975, sont, en 1995, de 96, 92 et 84 %.

Cette croissance a deux conséquences. D'une part, les gouvernements doivent maintenant compter avec des étudiants et lycéens dont le nombre, la capacité de mobilisation et l'inventivité font un acteur difficile à contrôler. La vie politique est ainsi scandée de grèves et de manifestations étudiantes et lycéennes (1986, 1990, 1994, 2000 contre les réformes Allègre, 2006, 2009) aux conséquences parfois lourdes. Ainsi en 1986, avec la mort d'un étudiant au cours d'un mouvement contre une réforme de l'enseignement supérieur. Les grèves à répétition des étudiants et des lycéens et leurs manifestations de rues deviennent des phénomènes majeurs de la vie politique, avec tous les dérapages qu'elles impliquent : l'Éducation nationale est devenue un ministère à risques.

D'autre part, l'élévation forte et rapide du niveau de formation des jeunes est un facteur de la mutation du système productif. Le développement des NTIC est inséparable de cette main-d'œuvre mieux formée, plus vive, plus curieuse. Mais, en même temps, l'entrée dans la société de millions de jeunes bacheliers, voire licenciés, est à l'origine de changements sociaux dont on mesure mal encore l'ampleur. L'émancipation des femmes est facilitée par une réussite scolaire souvent meilleure que celle des hommes. Les différences entre générations se creusent. Les relations de travail deviennent moins formelles, moins hiérarchiques. La vie politique elle-même en est affectée : la concertation change de visage.

La libéralisation des mœurs

L'élévation du niveau d'éducation, la diffusion des NTIC et l'enrichissement du pays expliquent le mouvement de libéralisation des mœurs ; mais il est aussi politique et culturel. Il répond à une aspiration que les événements de 1968 ont exprimée avec force.

L'évolution est sensible dans le droit comme dans les faits. Les règles juridiques qui encadrent les rapports entre sexes reconnaissent l'aspiration des femmes à l'égalité, au sein du couple et dans la vie politique. En 1975, la loi Veil organise l'interruption volontaire de grossesse. Elle est votée malgré l'opposition d'une partie de la majorité grâce au soutien de la gauche. Le divorce est facilité et simplifié par la loi du 2 juillet 1975 qui permet le divorce par consentement mutuel. L'adoption en 1999 du Pacte civil de solidarité (PACS), qui organise les liens contractés entre des individus pour une vie commune, quel que soit leur sexe, comme celle en 2000 de la loi sur la parité hommes/femmes dans les élections au scrutin de liste, jalonnent cette évolution juridique.

Elle accompagne celle des mœurs. L'émancipation des femmes est attestée par l'essor du travail féminin – on passe de 49 % des femmes de 25 à 49 ans actives en 1970 à 78,7 % en 1998 – et par une libération sexuelle qui se diffuse à partir des cadres diplômés et de Paris vers la province. Alors qu'en 1971, 12,6 %

des femmes de 20 à 45 ans utilisaient la pilule ou le stérilet, elles sont 36,8 % en 1978, et 3,7 % seulement sont en situation de devenir enceintes sans le souhaiter. Pourtant, paradoxalement, les avortements se maintiennent à un niveau élevé (200 000 par an).

Du coup, la natalité décroche. Elle avait reculé légèrement de 1964 (874 000 naissances, taux de natalité 18,1 ‰) à 1973 (855 000 naissances, natalité 16,4 ‰). En 1976, il y a 720 000 naissances seulement et le taux de natalité s'établit à 13,6 ‰. Il tombe en dessous de 13 ‰ dans les années 1990 : les jeunes femmes retardent leur première grossesse. Les conséquences démographiques sont sensibles : alors que le remplacement des générations était largement assuré, il ne l'est plus, et le taux de reproduction passe en dessous de 90 %. Comme les femmes en âge de procréer appartiennent à des générations nombreuses, la population continue cependant à croître. Le taux de natalité se maintient autour de 12,7 ‰, assurant en 2005-2007 un peu moins de 800 000 naissances chaque année, ce qui donne à la France une situation démographique supérieure à celle des autres pays européens, mais n'assure pas le remplacement des générations.

La maîtrise de la fécondité modifie profondément les rapports de couple. Les normes sexuelles traditionnelles étaient très différentes pour les hommes et pour les femmes et la procréation n'était légitime qu'au sein du mariage. Désormais, une liaison durable n'implique plus de naissance, et les jeunes vivent ensemble sans se marier. Les sociologues découvrent cette pratique vers 1978 et parlent alors de « cohabitation juvénile », puis de « mariage informel » : 44 % des mariages célébrés en 1976-1977 avaient été ainsi précédés d'une période plus ou moins longue de vie commune, contre 17 % huit ans à peine plus tôt. La chose ne choque plus qu'un petit quart des Français. Puis la cohabitation cesse de constituer une sorte de préalable au mariage pour devenir un mode de vie : en 1980, après cinq années de cohabitation, neuf femmes sur dix étaient mariées ; elles ne sont plus que 65 % en 1999. Tandis que le divorce se banalise – 38 % des unions scellées en 1995 devraient se dénouer par un divorce –, le mariage devient une formalité dont on peut se passer, même si l'on a des enfants, ce qui est en 1998 le cas de 45 % des couples de cohabitants. Mais il n'est plus nécessaire de vivre en couple pour élever des enfants : cinq naissances sur dix ont lieu aujourd'hui hors mariage contre moins d'une en 1975 et, parmi les familles qui ont au moins un enfant, une sur cinq est monoparentale.

Simultanément, la notion même de « normes » en matière de comportements sexuels est contestée avec succès. Les homosexuels dénoncent les discriminations dont ils sont l'objet et revendiquent le droit à une sexualité différente dans les médias ou dans la rue, par des manifestations hautes en couleur, comme la « gay pride ». Le PACS répond à cette demande : il donne un statut légal à leur vie commune, cependant que les couples homosexuels revendiquent de pouvoir adopter des enfants. Par ce biais, comme par celui des familles monoparentales, se dissout peu à peu la norme parentale : malgré les mises en garde des Églises et celles des psychanalystes, l'idée ancestrale que les enfants ont besoin d'un père et d'une mère se délite. Encore minoritaire, la remise en question est radicale.

Individualisme et fêtes collectives

Ces évolutions affranchissent l'individu des contraintes collectives. Et d'abord des contraintes familiales. L'éducation devient permissive. L'apparition des vêtements modernes fait disparaître les langes qui entravaient les mouvements des nourrissons, et celle des couches jetables reporte de plus de dix-huit mois l'apprentissage de la propreté. La dissociation du travail salarié et du domicile fait que les parents n'ont plus l'occasion de demander à leurs enfants de les aider et la simplification de la vie quotidienne rend inutiles les services autrefois nécessaires : aller chercher l'eau, s'occuper du feu, etc. Les nécessités évidentes qui justifiaient l'exercice de l'autorité parentale disparaissent. L'affirmation de la psychologie donne une place croissante à l'affectivité : dans une famille qui perd toute fonction économique pour devenir le lieu privilégié de l'épanouissement personnel, les parents cultivent l'échange affectif avec leurs enfants, avant même que la maîtrise des naissances ne fasse de l'arrivée de l'enfant l'accomplissement d'un vœu. Ordonner, interdire, punir reculent devant persuader ou distraire. La sociabilité entre pairs, autrefois restreinte, semble indispensable : la maternelle se généralise dès l'âge de trois ans, et les enfants vont naturellement les uns chez les autres. La liberté des adolescents n'a cessé de s'élargir et les contrôles sur leurs sorties ont largement disparu.

Une culture jeune se développe, qui est aussi un marché en expansion. Les nouvelles pratiques, inévitablement conformistes au sein du groupe d'âge, visent à en marquer la différence par le vêtement comme par le langage. La musique y tient une grande place : musique multiforme, du rock aux variétés en passant par la pop ou le rap, musique indissociable d'une écoute individuelle indifférente aux lieux grâce aux walkmans puis aux Ipod, et d'une écoute en groupe facilitée par un matériel d'amplification sophistiqué généreux en décibels et qui couvre souvent les paroles.

Cette culture n'accorde aucune autorité à la tradition, et d'abord à la tradition catholique. L'un des changements les plus spectaculaires du dernier tiers du siècle est la disparition, en une génération, de la culture chrétienne. L'éducation religieuse était générale avant 1960 et presque tous les enfants, y compris dans des familles non pratiquantes, allaient au catéchisme et faisaient leur communion solennelle, rite de passage socialement valorisé qui coïncidait avec la fin de l'école obligatoire. La liturgie, l'histoire sainte, les prières construisaient une culture aux racines anciennes qui était celle de l'Occident chrétien, de l'Europe des cathédrales. Ces repères ont disparu. L'église catholique attendait un renouveau du concile Vatican II (1962-1965). Elle conserve une influence morale mais sur un nombre de fidèles massivement réduit, un petit reste : la France compte actuellement à peine plus de 10 % de catholiques pratiquants qui vont à la messe le dimanche.

Le recul du catholicisme ne pose pas seulement en termes nouveaux la question identitaire ; il laisse vacante une place que tentent d'occuper des groupes charismatiques ou des sectes, tandis que les autres religions s'affirment avec force. Religion d'une partie importante des immigrés, l'Islam tient la seconde place en France, et le ramadan joue dans la vie collective un rôle que le carême ne lui dispute plus. Les gouvernements successifs ont tenté de lui accorder un statut légal avec l'accord de ses diverses tendances : c'est la création en décembre 2002 du Conseil français du culte musulman. De leur côté, certaines tendances du judaïsme soulignent leur différence. Face à la montée de ces cultures communautaires, la laïcité semble menacée. Au terme de longs débats, une loi interdit le port de signes religieux ostentatoires, comme le voile, dans les établissements scolaires publics (15 mars 2004).

Cette société éclatée est celle de l'individualisme triomphant. Les organisations syndicales ont perdu près de la moitié de leurs adhérents depuis 1970. Les mobilisations sont souvent ponctuelles, et durent le temps d'une cause. En revanche, des foules se rassemblent pour des occasions festives dont la première fut sans doute la nuit de *Salut les copains* (22 juin 1963). La fête de la musique, imaginée en 1982 par le ministre de la Culture, Jack Lang, connaît un succès durable. Les journées du patrimoine déplacent des milliers de personnes. On construit de nouvelles salles, les zéniths, pour accueillir les milliers de spectateurs qu'attirent les vedettes de la chanson et les groupes de rock ou de pop. Les grands matchs de football font vibrer des dizaines de milliers de personnes, et l'on construit un grand stade à Saint-Denis (80 000 places) pour la coupe du monde de football (1998). La victoire de l'équipe de France donne lieu à de grandes festivités nocturnes : la foule envahit les Champs-Élysées, comme elle l'avait fait pour le grand défilé du bicentenaire de la Révolution (14 juillet 1989) et comme elle le fera encore après la victoire de l'équipe de France lors de la coupe d'Europe (2000). Les manifestations politiques, religieuses et syndicales se font elles-mêmes festives. Déjà la victoire de F. Mitterrand avait donné lieu à des fêtes au soir du 10 mai 1981. L'Église catholique réunit des centaines de milliers de jeunes pour la venue en France du Pape. La grande grève provoquée, en 1995, par les projets du gouvernement Juppé en matière de réforme de la Sécurité sociale, grève qui touche exclusivement le secteur public, les salariés du privé venant à pied, en bicyclette ou en roller à leur travail dans les grandes métropoles, est ainsi scandée, en province comme à Paris, par d'énormes manifestations qui empruntent au folklore festif de carnaval, avec masques, torches et pétards mêlés aux calicots revendicatifs.

La France qui entre dans le troisième millénaire frappe par ces contrastes : une économie profondément renouvelée et des millions de chômeurs ; une richesse sans précédent et des centaines de milliers d'exclus qui vivent en dessous du seuil de pauvreté ; un individualisme hédoniste et d'immenses foules en fête. On est très loin non seulement de la France rurale, stable et bourgeoise du début du siècle, ou de la France exsangue et ruinée de 1945, mais même de la France gaullienne des Trente Glorieuses.

Conclusion. Au seuil d'un autre siècle ?

Une nouvelle donne économique ?

Malgré ce qu'on appelait la crise, l'économie mondiale avait continué à croître de 1973 à la fin du XXe siècle, sous l'effet de plusieurs facteurs. L'innovation technologique augmentait la productivité et créait, avec de nouveaux produits, de nouveaux besoins. Les conditions de vie en étaient profondément modifiées : urbanisation, transports, médias, comportements. Le développement des échanges internationaux créait un marché mondial où émergeaient des pays neufs : Amérique latine, Chine, Inde. L'unification du marché européen intensifiait les échanges en son sein.

Ce modèle de développement entre en crise pour plusieurs raisons. Ses conséquences sont d'abord dénoncées. On prend progressivement une conscience de plus en plus aiguë des menaces que fait peser sur la planète ce modèle de consommation. L'ONU réunit à Kyoto en 1997 une conférence sur les changements climatiques. Les atteintes à l'environnement, notamment par la pollution, sont dénoncées. Longtemps nié, le réchauffement climatique n'est plus contesté, et l'on entreprend de le réduire. Pionniers sur ce front, les Verts, en France du moins, ne réussissent pas à transformer en succès politique l'influence considérable qu'ils ont exercée, mais tous les partis se disent aujourd'hui favorables à des mesures importantes, sinon radicales, en ce domaine. Les États-Unis, longtemps réticents, semblent même convaincus de la nécessité de modifier les comportements collectifs.

En second lieu, ce modèle est victime de ses excès mêmes. La sophistication croissante des produits financiers déconnecte la monnaie des réalités économiques. Une première alerte survient en 2000, quand les spéculations sur les entreprises de nouvelles technologies achoppent sur la réalité d'un développement plus modeste et plus lent que prévu. Mais le choc véritable se produit en 2007-2009, avec la découverte de pertes massives dans le secteur bancaire qui s'expliquent par des spéculations financières, des escroqueries et surtout l'explosion aux États-Unis de prêts immobiliers *(subprimes)* que les ménages surendettés ne peuvent rembourser.

La crise qui s'ensuit n'a rien à voir avec ce que l'on appelait « crise » dans les vingt dernières années du XXe siècle. Tandis que les États volent au secours des banques, les consommateurs inquiets restreignent leur consommation ou diffèrent des achats comme ceux des grosses voitures dont ils découvrent le rôle polluant. Les entreprises qui ne peuvent plus écouler leur production taillent dans leurs investissements, leurs frais généraux et leurs effectifs, aggravant la crise. La précarité vécue par les salariés rend insupportables les rémunérations excessives des dirigeants d'entreprise, accusés de se livrer à un véritable pillage. Le capitalisme mondialisé apparaît à la fois cynique, brutal, et incapable d'assurer la croissance et l'emploi. Le libéralisme montrant ses limites, on se tourne vers les États auxquels on demande de réguler les marchés financiers et de relancer l'économie par des investissements publics massifs. C'est la revanche de Keynes.

Il est trop tôt pour dire si cette politique sera efficace et si la volonté affichée de lutter contre les paradis fiscaux et de mieux contrôler le système financier ira très loin. Trop tôt surtout pour dire si la crise durera. Toujours est-il qu'elle sonne comme un signal d'alarme : le modèle économique qui avait jusqu'ici assuré la croissance fait courir des risques majeurs aux sociétés et à la planète.

Un nouveau système politique ?

La crise, en tout cas, semble donner raison à un nouveau mouvement d'opinion : l'altermondialisme. L'effondrement du système soviétique, la faillite économique des planifications étatiques, la répression massive qui permettait au « socialisme réel » de se perpétuer dans les démocraties populaires, discréditent le communisme. Le capitalisme, qui n'a plus d'alternative, l'emporte par KO. Les socialistes qui se rallient à l'économie de marché tentent bien de donner à l'État un rôle central, mais leur argumentation se heurte à la montée des organismes supranationaux, comme l'Organisation mondiale du commerce (OMC) ou la Commission européenne, qui réduisent de fait les pouvoirs des États.

La dénonciation de cette mondialisation libérale se développe donc simultanément dans divers pays et sous des formes diverses. La création en 1998 de l'Association pour la taxation des transactions financières et pour l'aide aux citoyens (ATTAC) lui donne une visibilité, mais bien d'autres organisations composent cette mouvance. Les sommets mondiaux de l'OMC, ceux de l'Union européenne, les réunions des grandes puissances économiques voient converger de tous pays des manifestants où les anarchistes côtoient des trotskystes et des militants indépendants, auxquels se joignent des groupes violents. La critique est radicale, mais ne débouche pas sur un programme positif : les uns appellent à la révolution, les autres – les anarchistes – à la destruction de l'État. La définition d'une politique qu'un gouvernement de gauche pourrait mettre en œuvre n'est pas leur souci.

En France, ce mouvement se développe en 2000 autour de la révolte contre le ministre Allègre, accusé de vouloir plier l'enseignement à la logique du marché et de soumettre l'université à la mondialisation libérale, dans un contexte de révolte lycéenne et de mobilisation contre des suppressions de postes. Mais il prend une ampleur nouvelle avec le débat sur la ratification du traité constitutionnel européen. Conjugué avec le refus souverainiste de l'extrême-droite (de Villiers, Le Pen), il en emporte le rejet au référendum de 2005.

L'effondrement du communisme et la montée de l'altermondialisme modifient la configuration politique. Jusqu'à la présidentielle de 2002, elle était dominée par quatre grands partis, RPR, UDF, PS et PC. L'unification de la droite dans l'UMP laisse en face d'elle une mosaïque de partis divisés, où le PS est certes le plus fort, mais manque d'alliés pour gouverner. Paradoxalement pourtant, alors que cette nouvelle configuration rend plus difficile une alternance de gauche au gouvernement, les électeurs imposent une cohabitation géographique en donnant une large victoire aux socialistes dans les élections régionales de 2004 : toutes les régions sauf une, et 51 conseils généraux reviennent à la gauche.

Le référendum de 2005 signe une mutation du système politique par d'autres aspects. Il atteste l'apparition, en dehors des partis, de nouveaux acteurs et de nouvelles formes d'intervention. La campagne qui s'est déroulée sur Internet a couvert la voix des leaders politiques nationaux ou locaux. Or elle a été le fait de citoyens mobilisés pour une cause et un moment, dont la remobilisation à d'autres moments pour d'autres causes n'est pas certaine. L'électorat est devenu beaucoup plus indépendant des appareils, et les fidélités politiques plus conditionnelles. Cet affaiblissement des bastions et des clientèles donne plus de poids aux phénomènes médiatiques, qui en retour les érodent davantage. La maîtrise de la communication est au cœur du fonctionnement politique ; elle donne l'avantage aux personnages charismatiques, aux « coups de cœur », comme aux « colères ». L'émotion sous ses diverses formes : indignation, compassion, affection, emporte la décision mieux que le raisonnement par causes et effets.

Dans ce contexte, il est difficile de dire l'importance de la révision constitutionnelle du 21 juillet 2008. Prenant acte de la présidentialisation du régime, elle tente de l'équilibrer en renforçant les pouvoirs du Parlement. Il est pourtant peu probable qu'elle y parvienne : avec le quinquennat, le mandat du Président coïncide avec celui des députés, qui sont élus pour soutenir sa politique. S'ils venaient à trop la discuter, ils risqueraient de ne pas être désignés comme candidats pour l'élection législative suivante. La majorité, quelle qu'elle soit, est docile par construction.

Le véritable contrepoids du pouvoir présidentiel se trouve en fait dans la société civile. À côté des grèves et manifestations classiques, apparaissent des formes inédites de contestation qui modifieraient sensiblement le répertoire des oppositions si elles se développaient. Là aussi, un changement se cherche. Rares sont les moments où s'impose avec autant d'évidence la certitude que l'avenir, assurément incertain, nous surprendra.

Avril 2009

Notices biographiques

AURIOL, Vincent, 1884-1966. Fils d'un boulanger, V. Auriol fit des études de droit, obtint son doctorat et s'installa comme avocat. Député socialiste de la Haute-Garonne sans interruption de 1914 à 1940, il présida la commission des Finances sous le Cartel, et Léon Blum en fit son ministre des Finances en 1936. À ce poste, sa compétence n'impressionnait pas les hauts fonctionnaires qui l'entouraient (voir p. 37).

Arrêté de 1940 à 1942, il s'évade, passe dans la clandestinité et rejoint Londres en octobre 1943. En 1945, il est élu à la première Constituante, et de Gaulle le charge du portefeuille des rapports avec le Parlement. Président de la seconde Constituante, puis de l'Assemblée nationale, il est élu président de la République, le 16 janvier 1947 (voir p. 54). Par son travail, sa diplomatie, son discernement des hommes – il saura donner leur chance à un Pinay, un E. Faure ou d'autres – et plus encore par le sentiment de l'importance de ses fonctions, il donnera à la présidence de la République un lustre et une influence que ne prévoyait pas la constitution. Il ne sollicita pas son renouvellement et quitta la présidence en 1954. En 1958, il défendit la candidature de De Gaulle à la présidence du Conseil, et pesa pour le ralliement du parti socialiste à cette solution. Il abandonna la vie politique en 1960.

BIDAULT, Georges, 1899-1983. Ancien vice-président de l'Action catholique de la jeunesse française, professeur agrégé d'histoire, G. Bidault se fit connaître avant 1940 comme éditorialiste de politique étrangère du journal *L'aube*, de tendance démocrate-chrétienne. Prisonnier, relâché en 1941, il entra dans le mouvement Combat et fut porté à la présidence du CNR après l'arrestation de Jean Moulin, et il accueillit de Gaulle à l'Hôtel-de-ville de Paris, le 25 août 1944 au soir (voir p. 51).

Fondateur du MRP, il devient naturellement président du gouvernement provisoire sous la seconde Constituante (1946), où le MRP était le parti le plus important. Par la suite, il fut souvent ministre des Affaires étrangères et président du Conseil, notamment en 1949-1950. Très hostile à la « politique d'abandon » (voir ses positions à la fin de la guerre d'Indochine, p. 66), il combattit le gouvernement Mendès France, puis les gouvernements du Front républicain et ceux du général de Gaulle. Ces positions extrêmes l'écartèrent définitivement de la vie politique.

BLUM, Léon, 1872-1950. Fils de commerçants, entré à la rue d'Ulm en 1890 et au Conseil d'État cinq ans plus tard, L. Blum se distingua d'abord comme chroniqueur littéraire dans plusieurs revues de la fin du XIXe siècle, dont *La Revue blanche*. Il écrivit plusieurs ouvrages qui témoignaient d'une plume élégante, d'une sensibilité aiguë et d'une intelligence déliée : *Stendhal et le beylisme* (1914), *Du Mariage* (1907). C'est d'ailleurs par la littérature qu'il vint à la politique : associé à une entreprise socialiste d'édition, il collabora à *L'Humanité* dès ses débuts. Puis Sembat, ministre du Ravitaillement et des Travaux publics pendant la guerre (1914-1916), le prit comme chef de cabinet.

Son analyse rigoureuse des 21 conditions fait de lui, au congrès de Tours (voir p. 21) un des leaders de la minorité qui se sépare des communistes et reconstruit la SFIO. Il n'en est pas le secrétaire général (c'est Paul Faure), mais le maître à penser : ses interventions à la Chambre et ses articles déterminent largement l'orientation du parti, qu'il tient en dehors de tous les gouvernements de gauche jusqu'aux élections de 1936, où il devient le premier parti du Front populaire. Blum revendique alors la direction du gouvernement. Sur sa politique, voir p. 36.

Arrêté par Vichy et traduit devant la Cour de Riom, sa défense entraîne l'interruption du procès qui tournait à la confusion des accusateurs. Déporté à Buchenwald et Dachau, il retrouve à la Libération une grande influence. Insuffisante cependant pour maintenir au secrétariat de la SFIO Daniel Mayer, qui avait sa confiance, et empêcher l'élection de Guy Mollet à la tête du parti. Un bref gouvernement (décembre 1946-janvier 1947), et c'est l'effacement. Il meurt en 1950.

BRIAND, Aristide, 1862-1932. Avocat et journaliste à Saint-Nazaire, A. Briand se fit connaître par ses prises de position en faveur de la grève générale, et ses liens avec les Bourses du Travail (1892). Après plusieurs tentatives, il est élu député en 1902 et s'impose par son intelligence et ses qualités tant d'orateur que de négociateur dans la discussion de la loi de Séparation, dont il est le rapporteur.

Sa connaissance de la loi lui vaut d'être chargé de l'appliquer, comme ministre de l'Instruction publique et des Cultes (1906-1907), puis de la Justice et des Cultes (1908), avant qu'il ne succède à Clemenceau comme président du Conseil, ministre de l'Intérieur et des Cultes (1909-1910) (voir p. 12-13). À ce poste, il brisa la grève des cheminots d'octobre 1910 en les mobilisant. (« Si... le gouvernement n'avait pas trouvé dans la loi de quoi rester maître de ses frontières, s'il n'avait pu disposer à cet effet, de ses chemins de fer... eh bien ! aurait-il dû recourir à l'illégalité, il y serait allé... » ; mais aussi : « Voyez mes mains, pas une goutte de sang »). Il se rapproche alors des modérés et devient ministre de la Justice de Poincaré en 1912.

Ministre dans les divers gouvernements de guerre, jusqu'en 1917 – il était président du Conseil au moment de Verdun – Briand se consacra après la victoire à organiser la paix grâce à la SDN. Il lance même en 1929 le thème des États-Unis d'Europe. Sur son action, voir p. 24-25. Les nationalistes, et singulièrement l'Action française, lui vouèrent une haine tenace, mais il bénéficia d'une immense popularité, et, dans son œuvre de rapprochement avec l'Allemagne, il sut rester réaliste malgré des discours sentimentaux. Il quitta le Quai d'Orsay en janvier 1932 et mourut quelques mois plus tard.

CAILLAUX, Joseph, 1863-1944. Grand bourgeois, fils d'un ingénieur du corps des Ponts, ingénieur en chef des chemins de fer de l'Ouest, député et ministre des Travaux publics au début de la IIIe République, Caillaux commença comme inspecteur des Finances, avant de se faire élire député à Mamers (Sarthe) en 1898. Rares étaient les républicains radicaux qui avaient sa compétence. Aussi fut-il très vite ministre des Finances, sous Waldeck-Rousseau d'abord, puis sous Clemenceau, avant de devenir président du Conseil en 1911.

Son action politique est dominée alors par la réalisation de l'impôt sur le revenu, et par la négociation avec l'Allemagne après l'incident d'Agadir. Elle est interrompue en mars 1914, lorsque sa femme tue d'un coup de revolver le directeur du *Figaro*, Gaston Calmette.

Pendant la guerre, il ne se compromet pas directement, mais c'est autour de son nom que se réunissent les partisans d'une paix blanche. Aussi Clemenceau le fait-il arrêter, en décembre 1917, et traduire devant le Sénat, constitué en Haute Cour, qui le condamne en février 1920 pour « correspondance avec l'ennemi ».

Amnistié en 1925 par le Cartel, il revient quelques mois aux Finances, sans que sa réputation de technicien arrête l'effondrement du franc. Il se réfugie alors à la présidence de la commission des Finances du Sénat, où, de 1932 à 1940, il exerce une influence considérable sur la politique économique des gouvernements successifs.

CHABAN-DELMAS, Jacques, 1915-2000. Inspecteur des Finances, Jacques Delmas fit de la résistance et devint le général Chaban en 1944, comme délégué militaire national. Député radical en 1946, il conquiert la mairie de Bordeaux en 1947, avec le raz-de-marée du RPF et n'abandonne l'étiquette radicale et la double appartenance qu'en 1951. Ministre des Travaux publics dans le premier cabinet Mendès France (juin-août 1954), il est ministre d'État de Guy Mollet, avant de prendre la Défense nationale dans le ministère Félix Gaillard (novembre 1957). À ce titre, il est à la tête des armées au moment du 13 mai, et il contribue à préparer le retour au pouvoir de De Gaulle.

Sous le nouveau régime, il préside l'Assemblée nationale de 1958 à 1969, où G. Pompidou, succédant à de Gaulle, le nomme Premier ministre. Entouré d'un brain-trust venu de la gauche mendésiste (S. Nora, J. Delors), il pratique avec les syndicats une politique de contrats et prétend réaliser une « nouvelle société ». Sa mésentente avec le président de la République conduit celui-ci à mettre fin à ses fonctions en 1972 (voir p. 89).

Candidat malheureux aux élections présidentielles de 1974, il reste député et retrouve en 1978 la présidence de l'Assemblée qu'il perd en juin 1981.

CHIRAC, Jacques, 1932-. Né à Paris, Jacques Chirac entre au sortir de l'ENA, en 1959, à la Cour des Comptes qu'il quitte bientôt pour le Secrétariat général du gouvernement (1962). C'est là que le Premier ministre G. Pompidou le remarque et le fait entrer à son cabinet. Apprécié pour ses qualités de travail et de décision – G. Pompidou parlait de lui comme d'un « bulldozer » – mais aussi chaleureux et ouvert, il est élu en 1967 député d'Ussel (Corrèze) et commence une carrière gouvernementale. Secrétaire d'État à l'emploi, puis au budget, il est nommé en 1971 ministre chargé des relations avec le Parlement, puis ministre de l'Agriculture et, brièvement, de l'Intérieur.

À la mort de G. Pompidou, il soutient la candidature de V. Giscard d'Estaing à la présidence, provoquant ainsi une dissidence gaulliste. Cela lui vaut d'être nommé Premier ministre en 1974. En désaccord avec le Président, il démissionne en 1976 malgré la confiance de la Chambre, et il relance à la fin de l'année le mouvement gaulliste sur de nouvelles bases, avec le RPR, où les « barons » du gaullisme historique ne jouent plus qu'un rôle honorifique.

L'année suivante, pour la première fois, Paris doit avoir un maire élu. J. Chirac s'oppose victorieusement au candidat du Président. Maire de Paris, député de la Corrèze, chef du RPR, ces trois positions font de lui une personnalité de premier plan ; aussi se présente-t-il à la présidence de la République en 1981 contre V. Giscard d'Estaing. Mais la division de la droite fait le jeu de F. Mitterrand qui l'emporte. Après cinq années d'opposition, le succès de la droite aux élections législatives de 1986 lui permet de revenir au pouvoir comme Premier ministre. Ce gouvernement de cohabitation réalise d'importantes privatisations, mais il affronte une vague d'attentats sans précédents, et sa politique universitaire provoque des troubles graves. En 1988, il échoue de nouveau aux présidentielles face à F. Mitterrand. En revanche il est élu président de la République en 1995 après une alternance à laquelle il n'a pas participé. Pensant consolider sa majorité, il dissout l'Assemblée en 1997, mais l'opposition gagne les élections et il nomme Premier ministre Lionel Jospin. Après avoir fait adopter la réduction à cinq ans du mandat présidentiel, il est réélu en 2002 et se retire en 2007.

CLEMENCEAU, Georges, 1841-1929. Après des études de médecine, du journalisme d'opposition au Second Empire, un peu de prison, G. Clemenceau voyage en Angleterre et aux États-Unis où il séjourne de 1865 à 1869 et où il se marie. De retour en France, il est à peine installé comme médecin en Vendée que l'Empire s'effondre avec le désastre de Sedan. Il accourt à Paris, est nommé maire du 18e arrondissement et élu député, mais démissionne après la Commune. Réélu député en 1876, il est le leader des radicaux. Orateur incisif, grand journaliste (*La Justice*, 1880), il est redouté pour ses mots d'esprit et ses réquisitoires. L'un d'eux entraîne la chute de Ferry en 1885.

Le scandale de Panama l'éclabousse (1892), et il n'est pas réélu en 1893. Mais il joue un grand rôle dans l'affaire Dreyfus et redevient sénateur du Var en 1902. En 1906, il accède enfin au pouvoir, d'abord comme ministre de l'Intérieur de Sarrien, puis comme président du Conseil (voir p. 12).

En novembre 1917, Poincaré, qui ne l'aime pas, mais connaît son énergie et sa décision, l'appelle pour former un gouvernement qui dure jusqu'aux élections de 1919 (voir p. 19 et 23). Le « Tigre », tombeur de ministères, qui avait été en 1907 le « premier flic de France » devient alors le « Père la Victoire ». Visitant les soldats en première ligne, un casque sur la tête, drapé dans une vieille capote, bourru mais proche, il inspire confiance et devient populaire.

La tradition républicaine n'aime guère les trop fortes personnalités surtout populaires. En janvier 1920, le mandat de Poincaré expirant, Clemenceau est candidat à la présidence de la République. On fait jouer contre lui son anticléricalisme (Briand, dans les couloirs, évoque la perspective d'un bel enterrement civil), et il est battu. Il se retire alors en Vendée où il meurt en 1929.

COMBES, Émile, 1835-1921. Après des études au petit séminaire de Castres et au grand séminaire d'Albi, Combes fut professeur dans divers collèges religieux, réussit son doctorat en médecine (1866) et s'installa à Pons comme médecin.

Très anticlérical, dans un pays qui l'était de vieille date, il entra dans la politique par la porte locale : maire de Pons en 1875, il devint sénateur en 1885. Honnête homme, assez effacé, il n'accumule pas les honneurs et se trouve ministre de l'Instruction publique et des Cultes tardivement (1895-1896). Son anticléricalisme militant et son sérieux le font recommander par Waldeck-Rousseau comme président du Conseil après la victoire des radicaux aux élections de 1902. Autoritaire et intransigeant, son ministère sera un ministère de combat (voir p. 11-12), avec des côtés mesquins, comme la mise en fiche des officiers par la Franc-maçonnerie. Après sa démission, il ne revient pas au pouvoir.

DALADIER, Édouard, 1884-1970. Fils d'un boulanger de Carpentras, Daladier est un boursier qui poursuit ses études jusqu'à l'agrégation d'histoire, revient enseigner dans sa ville natale et y conquiert la mairie en 1911. Après une guerre de fantassin qui le marque beaucoup, il est élu député du Vaucluse en 1919 et fait vite figure d'expert militaire du parti radical. Ministre à divers postes, de 1924 à 1926, puis en 1932, il accède à la présidence du Conseil en 1933. Renversé, il est rappelé à la fin de janvier 1934 (voir p. 33). Sa démission lui est reprochée, mais il prend la tête du courant favorable au Front populaire au sein du parti radical, dont il devient président en 1936. Ministre de la Guerre sans interruption, de 1936 à 1940, il met un terme au Front populaire et porte la double responsabilité de Munich et de la préparation de la guerre (voir p. 38-39).

Emprisonné par Vichy, traduit devant la Cour de Riom, déporté en Allemagne, il est de nouveau réélu député en mai 1946 et siège à la Chambre jusqu'en 1958. Il soutient

Mendès France et vote contre l'investiture du général de Gaulle en 1958, sans avoir retrouvé de responsabilités.

DEBRÉ, Michel, 1912-1996. Fils d'un professeur de médecine très connu, M. Debré entre au Conseil d'État, d'où il passe au cabinet de Paul Reynaud en 1938. Pendant la guerre, il fait de la résistance au sein de l'OCM et devient à la Libération commissaire de la République à Angers.

Sénateur d'Indre-et-Loire de 1948 à 1959, son gaullisme et sa réputation de théoricien de l'État lui valent d'être nommé ministre de la Justice par le général de Gaulle (juin 1958), et chargé, à ce titre, d'élaborer la nouvelle constitution. Une fois celle-ci approuvée, il est choisi comme Premier ministre (voir p. 72). Après la fin de la guerre d'Algérie, le Général lui demande sa démission. La caution qu'il représentait dans les milieux « Algérie française » était devenue inutile, et le Général voulait faire évoluer les institutions dans un sens présidentiel, alors que M. Debré souhaitait, par une dissolution immédiate, consolider un parlementarisme à l'anglaise.

M. Debré redeviendra ministre, de l'Économie d'abord (1966), puis des Affaires étrangères (1968), et enfin de la Défense nationale dans le ministère Chaban-Delmas.

DELORS, Jacques, 1925-. Fils d'un employé de banque, J. Delors commence, après une licence en sciences économiques, une carrière à la Banque de France d'abord comme chef de service, puis comme attaché au cabinet du Directeur des titres et des marchés monétaires. Sa carrière change de cours avec sa nomination au Commissariat général du Plan (1962) ; il en devient le chef du service des affaires sociales, où ses qualités d'intelligence, de travail et de caractère unanimement reconnues lui valent des propositions flatteuses, qu'il décline par fidélité de gauche : ce catholique sincère est en effet alors très lié à la CFDT.

En 1969 cependant, le ministère Chaban-Delmas semble ouvrir de réelles perspectives de réforme. J. Delors accepte alors de devenir le conseiller social du Premier ministre. À la chute de celui-ci, il se contente de suivre comme secrétaire du Comité interministériel pour la formation permanente l'application de la loi de 1971 sur ce sujet, loi dont il avait été l'un des principaux auteurs. En 1973, il est évincé de ce poste et devient, pour six ans, professeur associé de gestion à l'université de Paris-Dauphine.

Le parti socialiste, qu'il a rejoint, le présente aux élections européennes de 1979. Élu, il préside la commission économique et monétaire de l'Assemblée Européenne. En 1981, il devient ministre des Finances dans le cabinet Mauroy. Le technicien rigoureux qui inspire confiance prend alors une dimension pleinement politique : il joue un rôle décisif dans l'adoption, en mars 1983, d'une politique économique de rigueur qui permet à la France de ne pas sortir du système monétaire européen. Remplacé aux Finances par P. Bérégovoy lors de la constitution du gouvernement Fabius (1984), il est nommé en 1985 président de la Commission de la CEE à Bruxelles, poste auquel ses convictions et sa capacité à susciter des convergences lui valent d'être reconduit en 1989. Son autorité morale incontestée semble le désigner pour être le candidat des socialistes aux présidentielles, mais il s'y refuse de crainte de manquer d'un soutien durable.

FAURE, Edgar, 1908-1988. Fils d'un médecin militaire, E. Faure commençait en 1940 une brillante carrière d'avocat d'affaires. En 1942, il part pour l'Afrique du Nord et devient secrétaire général du CFLN puis du GPRF : fonctions modestes, mais où il approche tout le personnel politique. De là il passe au cabinet de Mendès France, qu'il accompagne en 1945 quand il démissionne. De Gaulle le nomme un peu plus tard procureur-général adjoint au tribunal interallié de Nuremberg.

Désireux de faire de la politique, il trouve un siège de député dans le Jura, en 1946, sous l'étiquette radicale. Ministre à plusieurs reprises à partir de 1949, il est président du Conseil pour un mois, en janvier 1952, et s'impose véritablement en 1953 et 1954, comme ministre des Finances successivement de Laniel et de Mendès France. Mais une rivalité l'oppose à ce dernier, qui ne lui pardonne pas de lui succéder en 1955 comme président du Conseil et l'évince du parti radical (voir p. 68).

Réélu en 1956, il est battu en 1958, et retrouve un siège de sénateur du Jura en 1959. Il met à profit son éloignement des affaires pour passer l'agrégation d'histoire du droit. Le général de Gaulle lui confie en 1963 une mission exploratoire en Chine, qui aboutit à la reconnaissance de celle-ci en 1964. Alors qu'il avait été hostile à l'évolution présidentielle du régime, il s'y rallie et accède au ministère de l'Agriculture (1966-1968), puis, après les événements de 1968, à celui de l'Éducation nationale que Pompidou lui retire en 1969. Mais Chaban-Delmas devenant alors Premier ministre, la présidence de l'Assemblée est vacante, et E. Faure, redevenu député du Doubs, l'occupe jusqu'en 1978, où il est évincé. Désormais simple député, puis sénateur, il se console en entrant à l'Académie française.

DE GAULLE, Charles, 1890-1970. Issu d'une famille bourgeoise, catholique et nationaliste, le jeune de Gaulle entre à Saint-Cyr, d'où il sort en 1913 comme sous-lieutenant. Blessé à trois reprises pendant la guerre, prisonnier, il accompagne en 1920 Weygand dans sa mission en Pologne. En 1925, Pétain le nomme membre du conseil supérieur de la guerre. Il se signale par deux ouvrages au tour très personnel : *Le Fil de l'épée* (1932), éloge de l'homme de décision, et *Vers l'armée de métier* (1934), où il défend l'idée d'un corps de bataille mécanisé et blindé, servi par des professionnels. Il s'efforce de convertir à cette thèse des hommes politiques, mais n'a guère d'audience, en dehors de Paul Reynaud et de quelques socialistes : les républicains voient dans une armée de métier un risque de coup d'État.

La débâcle lui donne raison, et il est nommé général à titre provisoire, pour commander une brigade de chars dans la région d'Abbeville, en mai 1940. Le 6 juin, il entre comme sous-secrétaire d'État à la Guerre dans le cabinet Reynaud et assiste, impuissant, à l'ascension de Pétain. Il part alors pour l'Angleterre, et lance son appel du 18 juin, tandis que Vichy le condamne à mort par contumace.

Son action dans la résistance et à la Libération a été décrite p. 48 sq. Après sa démission, il fait campagne contre la Constitution de la IVe République, mais en vain. En 1947, il fonde le RPF (voir p. 56) et réclame la dissolution. Mais la République résiste. Il n'est pas possible d'être à la fois au-dessus des partis et d'intervenir dans leur jeu. En 1953, de Gaulle rend leur liberté aux députés qui constituaient encore un groupe gaulliste. C'est la traversée du désert.

Il en sort en 1958 et gouverne la France jusqu'en 1969 (voir p. 71 sq. et 87). Les « non » l'emportant au référendum de 1969 sur les régions, il démissionne et se retire à Colombey, où il meurt un an plus tard.

Le sens de la grandeur de la France, le souci de sa dignité, un réalisme pragmatique, de froids calculs politiques qui ne dédaignaient pas l'habileté manœuvrière, un style de grand écrivain, aux formules tantôt lapidaires, tantôt gouailleuses, avec un sens rare du mot qui frappe et qu'on retient, la conviction enfin de sa légitimité historique, au-dessus de toutes les vicissitudes de la politique : autant de traits qui concourent à faire du général de Gaulle un personnage politique hors du commun et qui domine incontestablement l'histoire de France entre 1940 et 1970.

GISCARD D'ESTAING, Valéry, 1926-. Issu d'une famille de grande bourgeoisie – des administrateurs de sociétés, des académiciens et des ministres – V. Giscard d'Estaing entra à

Polytechnique, puis à l'ENA, et de là à l'inspection des Finances. Il fit ses débuts en politique comme directeur-adjoint du cabinet d'Edgar Faure, en 1955.

Député du Puy-de-Dôme en 1956 et 1958, il devient sous-secrétaire d'État aux Finances (1959), puis ministre des Finances (1962-1966). Sa politique étant contestée, il est évincé en 1966 et refuse toute compensation. Son « oui mais » se transforme en « non » au référendum de 1969. Il revient aux Finances en 1969, après la chute de De Gaulle à laquelle ce « non » a contribué, et il ne les quitte que pour devenir président de la République à la mort de G. Pompidou (voir p. 93).

D'une grande habileté et d'une incontestable intelligence, cet homme distingué, qui s'exprime avec une élégance un peu condescendante, pratique un libéralisme réel. Son ouvrage, *Démocratie française*, est un constat lucide qui n'évite pas les lieux communs. Il sait conserver son calme, mais donne parfois un sentiment d'indécision. Avec lui, la politique se fait plus prosaïque, plus technicienne. La gestion d'une économie en crise succède au projet gaulliste. Après son échec de 1981, il se consacre à la présidence de la région d'Auvergne de 1986 à 2004 et entre à l'Académie française en 2003. Il est le premier ancien président de la République à siéger au Conseil constitutionnel.

HERRIOT, Édouard, 1872-1957. Après l'École normale supérieure et l'agrégation, E. Herriot fut nommé professeur au lycée Ampère, à Lyon, en 1896. Il semblait destiné à une carrière littéraire et universitaire – thèse sur Madame Récamier – quand il s'engagea dans la campagne dreyfusarde, qui le mit en vedette. En 1905 il est maire de Lyon, sénateur en 1912, ministre des Travaux publics et du Ravitaillement en 1916.

Sa véritable carrière commence en 1919, quand il devient président du parti radical, auquel il s'identifie pendant trente-cinq ans. À la victoire du Cartel (1924), il forme le gouvernement (voir p. 24), puis, après son échec, devient président de la Chambre des députés. En 1926 il accepte, dans le cabinet Poincaré, le portefeuille de l'Instruction publique et des Beaux-Arts. De nouveau président du Conseil en 1932 (voir p. 33), puis ministre d'État du cabinet Doumergue (1934), il n'est pas favorable au Front populaire.

Le 10 juillet 1940, E. Herriot s'abstint de voter les pleins pouvoirs au maréchal Pétain. Placé en résidence surveillée en 1942, puis emprisonné en Allemagne, il retrouve en 1945 la mairie de Lyon, puis son siège de député et la présidence de l'Assemblée nationale. Il jouit encore d'une réelle autorité morale et en use pour faire accéder à la tête du parti radical P. Mendès France. Il se retire alors de la vie politique et meurt en 1957.

D'une constitution robuste, d'une vitalité débordante – son appétit est connu, de même que son goût pour les femmes –, d'un physique un peu épais, mais énergique, Herriot avait le contact facile et simple. Très intelligent et très cultivé, il travaillait comme un « bûcheur ». Son éloquence généreuse, servie par une voix chaude dont il savait jouer, achevait de faire de lui un homme politique de premier plan. Malheureusement, la conviction républicaine et l'intelligence cultivée d'un littéraire ne suffisaient plus, entre les deux guerres, à faire un homme d'État. Herriot manquait de sens de la décision, il faisait trop confiance à ses partenaires, et surtout il ignorait trop les réalités économiques pour réussir vraiment.

JAURÈS, Jean, 1859-1914. Né dans une famille de petite bourgeoisie, mi-commerçante, mi-rurale, de la région de Castres, J. Jaurès fit comme boursier de brillantes études qui le conduisirent à l'École Normale Supérieure et à l'agrégation de philosophie. Professeur au Lycée d'Albi, puis chargé de cours à la Faculté des Lettres de Toulouse, il est élu député du Tarn en 1885. Battu en 1889, il retrouve ses cours et entre en 1890 au Conseil municipal de Toulouse.

Rien n'annonçait alors dans cet universitaire républicain modéré – on disait « opportuniste » – le futur leader socialiste. C'est en 1892 qu'il trouve sa voie. Sa conversion au socialisme résulte d'une évolution intellectuelle éclairée à la fois par des conversations avec L. Herr et par l'actualité régionale : la grève des mineurs de Carmaux qu'il soutient contre leur patron, le marquis de Solages. En 1893, Jaurès bat celui-ci aux élections législatives, mais, en 1898, comme plusieurs dreyfusards, il est battu, bien qu'il soit déjà l'un des socialistes les plus en vue, avec Millerand, dont il approuve l'entrée dans le gouvernement Waldeck-Rousseau.

Réélu en 1902, il fonde en 1904 *L'Humanité* et, même si l'unité socialiste se réalise l'année suivante sur des thèses plus proches de celles de Guesde que des siennes, il conquiert vite une autorité incontestable sur le parti socialiste unifié (voir p. 12).

Il la doit à son incomparable éloquence et à sa conviction. Homme de synthèse, d'une immense culture, il était venu au socialisme par générosité et par idéalisme. Son humanisme y voyait l'accomplissement des principes républicains de liberté, d'égalité et de fraternité. Il faisait appel au souci de justice des citoyens plus qu'à leurs intérêts. Son socialisme n'avait rien de sectaire, et c'est ce qui lui valut un immense rayonnement.

Résolument hostile à la guerre et aux armées de métier, il prônait un internationalisme où les patries s'accompliraient en se dépassant (*L'Armée nouvelle*, 1910) et, en juillet 1914, il incarne la volonté de résister à l'enchaînement fatal de la guerre. C'est pourquoi il fut assassiné le 31 juillet 1914.

JOSPIN, Lionel, 1937-. L. Jospin sort d'une famille protestante, pacifiste et socialiste. Lui-même milite très tôt au sein de l'UNEF contre la guerre d'Algérie, ce qui l'éloigne de la SFIO. En 1965, à sa sortie de l'ENA, il adhère à une organisation trotskyste. Il entre dans la diplomatie puis devient en 1970 professeur d'économie dans un IUT parisien. À la demande de son organisation, il adhère au nouveau parti socialiste. F. Mitterrand le remarque et le fait entrer au bureau exécutif du parti en 1973. Député de Paris (1981-86) puis de Haute-Garonne à deux reprises, il ne recherche pas de mandat local important. C'est un homme d'appareil plus que de terrain, qui ménage sa confiance et travaille avec un petit groupe de collaborateurs. Sa rigueur et son intégrité, sa réserve naturelle, créent autour de lui une distance que sa simplicité n'abolit pas.

En 1981, Mitterrand qui connaît sans doute son passé trotskyste, mais qu'il a loyalement soutenu, lui confie sa succession à la tête du PS qu'il dirige jusqu'en 1988. Nommé alors ministre de l'Éducation nationale et des universités, il fait adopter une forte revalorisation des enseignants, voter une loi d'orientation et créer les Instituts universitaires de formation des maîtres. L. Fabius lui dispute le contrôle du PS et la succession de Mitterrand, mais l'affaire du sang contaminé le marginalise (voir p. 99). Comme J. Delors refuse de se présenter à aux présidentielles de 1995, les militants socialistes choisissent L. Jospin comme candidat. Il arrive en tête au premier tour, avec 23,3 % des voix, ce qui en fait le leader de la gauche. J. Chirac gagne l'élection, mais il doit faire de lui le Premier ministre des cinq années de cohabitation qui suivent la dissolution de 1997 (voir p. 103). Son échec désastreux aux présidentielles de 2002 l'écartera des responsabilités.

JOUHAUX, Léon, 1879-1954. Fils d'ouvrier, contraint de travailler très jeune dans une fabrique d'allumettes, Jouhaux est un autodidacte qui a beaucoup appris en fréquentant les cercles anarchistes de la fin du XIXe siècle. En 1909, il accède au secrétariat général de la CGT qu'il conserve près de 50 ans, grâce à son intelligence, à son éloquence, et à sa prudence – il évitait de se prononcer prématurément. Entouré de collaborateurs efficaces, il est le « pape » du syndicalisme.

En 1914, il se rallie à l'Union sacrée et accepte un mandat du gouvernement. Il reste fidèle à cette politique quand les minoritaires de la CGT la critiquent et il accepte même d'être nommé expert à la conférence de la paix. Inspiré par Albert Thomas et le Bureau international du Travail, il oriente la CGT dont les minoritaires se détachent (voir p. 20) vers un réformisme cohérent, réclamant des réformes de structure et une planification. À la réunification syndicale de 1936, il reste secrétaire général de la CGT. Vichy le place en résidence surveillée et il est déporté en avril 1943. À son retour, il reprend ses fonctions et il est nommé président du Conseil économique (1947). Lors de la scission de 1947, il conserve la direction de la CGTFO (voir p. 57). Il recevra le prix Nobel de la paix en 1951.

LAVAL, Pierre, 1883-1945. Fils d'un petit aubergiste auvergnat, P. Laval fit des études chaotiques et méritoires jusqu'à la licence en droit. Socialiste en 1903, il s'installe à Paris comme avocat et plaide pour les syndicats. Il réussit, fait fortune, achète le château de son bourg natal, Chateldon, et en devient maire.

Député d'Aubervilliers en 1914, il est battu en 1919, mais conquiert en 1923 la mairie d'Aubervilliers et retrouve son siège en 1924. Ministre des Travaux publics en 1925, sénateur en 1927, il est président du Conseil en 1931-1932, et se présente comme le successeur de Briand. Ministre des Affaires étrangères en 1934, il signe en 1935 le pacte franco-soviétique (voir p. 35), puis, comme président du Conseil, cherche à ne pas mécontenter l'Italie à propos de la guerre d'Éthiopie. Le Front populaire l'écarte de la vie politique.

Pétain l'y fait rentrer en le nommant vice-président du Conseil le 22 juin 1940. Il est l'artisan du vote du 10 juillet. Mais Pétain est assez hostile à ce politicien. Il le fait arrêter le 13 décembre 1940. Relâché à la demande des Allemands, il revient au pouvoir le 18 avril 1942 (voir p. 47-48). Emmené en Allemagne en 1944, il trouve refuge en Espagne, mais il est extradé en juillet 1945. Rapidement jugé et condamné sans que ses avocats aient pu le défendre, il est exécuté le 15 octobre 1945.

Habile conciliateur, prompt à rechercher les compromis, les arrangements, sans se tenir à des principes stricts, Laval avait grande confiance en ses talents et se croyait capable d'éviter le pire à la France dans une Europe qu'il estimait vouée à la domination allemande. La révolution nationale le laissait sceptique ; la mise en place d'un régime inspiré de celui de Mussolini était pour lui une concession aux vainqueurs, comme la phrase célèbre où il espérait la victoire de l'Allemagne (juillet 1942). Cette politique l'amena parfois à devancer les désirs des Allemands (statut des Juifs), sans rien empêcher d'important, et elle apporta jusqu'en août 1944 aux Allemands la caution d'un gouvernement légal. La sincérité de P. Laval et son courage personnel ne semblent pourtant pas discutables.

MENDÈS FRANCE, Pierre, 1907-1982. Docteur en droit et avocat, P. Mendès France fut élu député radical de l'Eure en 1932, l'un des « jeunes Turcs » du parti. Spécialisé dans les questions économiques – il lut Keynes dès 1937 – L. Blum lui confie le secrétariat d'État aux Finances dans son gouvernement de 1938.

Mobilisé pendant la guerre, il revient siéger à Bordeaux, et il s'embarque sur le *Massilia* pour l'Algérie, avec les parlementaires décidés à continuer la guerre. Il ne prend donc pas part au vote du 10 juillet 1940. Passé très vite à la résistance, il est commissaire aux Finances du CFLN en novembre 1943, puis ministre des Finances du GPRF. Il démissionne en avril 1945, de Gaulle refusant la politique rigoureuse qu'il proposait.

Député de l'Eure en 1946, il impressionne par sa compétence, mais reste à l'écart des responsabilités jusqu'en 1954. Sur son « expérience », voir p. 67-68.

Hostile à l'investiture de De Gaulle et à la Ve République, il est battu en 1958, mais demeure pour l'opinion un des hommes de gauche que l'on sait capable de gouverner. En 1967, il retrouve un siège de député à Grenoble. Mais son rôle pendant les événements de 1968 – il assiste au meeting du stade Charléty et se déclare prêt à assumer les pouvoirs qui lui seraient confiés par la gauche unie – entraîne son échec aux élections qui suivent.

Qu'au total le rôle politique de cet homme d'État n'ait pas été plus grand, demande à être expliqué. Son refus de la démagogie a pesé et a rendu difficile la réunion, autour de lui, d'un véritable parti. Il lui aurait fallu plus de convivialité pour réussir à la tête du parti radical. Mais il semble aussi que, par rigueur morale, cet homme seul ait refusé d'aller au-devant du pouvoir, de faire le premier pas. Il y a de la grandeur dans tant de dignité, mais peut-être le sort de la IVe République a-t-il dépendu de ce trop strict respect des traditions républicaines.

MITTERRAND, François, 1916-1996. Après des études de droit et de sciences politiques, F. Mitterrand se destinait au barreau quand survient la guerre. Il est fait prisonnier, s'évade, prend des responsabilités dans le service des prisonniers de guerre de Vichy, puis dirige le mouvement de résistance clandestin des prisonniers et devient, en 1944, secrétaire général aux prisonniers de guerre du gouvernement provisoire.

Député de la Nièvre (1946) et maire de Château-Chinon, il appartient à un petit parti de centre gauche, l'Union démocratique et socialiste de la résistance. Ministre des Anciens combattants en 1947-1948, il occupe divers postes gouvernementaux, avant d'être le ministre de l'Intérieur de Mendès France, et celui de la Justice de Guy Mollet.

Hostile à l'investiture de De Gaulle et aux nouvelles institutions, il est battu aux élections de 1958, retrouve un siège de sénateur en 1959, et son siège de député en 1962. Sa carrière ultérieure s'explique par une habileté manœuvrière et une éloquence chaleureuse mises au service d'une conviction plus mûre dans les valeurs humanistes de la tradition républicaine et socialiste. Il est élu président de la République le 10 mai 1981 et réélu le 8 mai 1988. Il assure le fonctionnement des institutions alors même que les électeurs envoient ses opposants à la Chambre, et par là au gouvernement, à deux reprises, en 1985 et en 1993. Ses septennats restent marqués par les lois de décentralisation et par un engagement européen résolu. Il meurt d'un cancer peu après avoir achevé son second mandat.

MOLLET, Guy, 1905-1975. Professeur d'anglais à Arras, G. Mollet fit avant-guerre du syndicalisme enseignant. Prisonnier, rapatrié pour raisons sanitaires, il entra dans la résistance (OCM) et devint en 1945 maire d'Arras.

Plus qu'un homme politique, il fut un homme d'appareil. En septembre 1946, il fut élu secrétaire général de la SFIO contre Daniel Mayer que soutenait L. Blum. Sa candidature était une candidature de gauche, hostile aux compromis gouvernementaux, et fondée sur un marxisme orthodoxe. À ce poste, il exerça une autorité vigilante, contrôlant les fédérations départementales, et évitant de se compromettre lui-même en participant aux gouvernements où siégeaient des socialistes, jusqu'à ce que la SFIO gagne les élections de 1956. Voir p. 69 son rôle à cette époque à la tête du gouvernement.

En mai 1958, il rallia la majorité de la SFIO à de Gaulle, qui le prit comme ministre d'État. Difficilement réélu en 1958, il conserve son siège en 1962 et continue à régner sur la SFIO que son patronage contribue à discréditer – on n'a oublié ni Alger ni Suez – et qu'il rend peu attrayante par ses méthodes de gouvernement comme par un programme purement négatif : refus des institutions de la Ve République, puis refus aussi bien d'une Fédération regroupant la SFIO et les restes du MRP et des radicaux, que d'une alliance avec le PCF, ou d'une fusion sans annexion de toutes les formations qui se réclament du socialisme. Le renouveau du parti socialiste se fera donc contre lui, et, bien qu'il conserve son siège de député en 1973, ainsi qu'une réelle influence dans le parti, le congrès d'Épinay marque la fin de son règne.

PÉTAIN, Philippe, 1856-1951. Né dans une famille de paysans du Nord de la France, sorti de Saint-Cyr, Pétain eut une carrière d'officier plutôt lente. Comme professeur à l'École de guerre (1901-1910), il prônait la défensive, à l'encontre des théories dominantes. En mars 1914, à 58 ans, il est nommé général.

La guerre de 1914, quelques années avant ce qui aurait dû être sa retraite, fut pour lui une chance. Il s'illustre dans la défense de Verdun en 1916, est nommé commandant en chef (15 mai 1917) et, à la victoire, maréchal de France (voir p. 19).

Entre les deux guerres, son prestige fait de lui une autorité incontestée en matière militaire. Vice-président du conseil supérieur de la Guerre, inspecteur général de l'Armée, il est même ministre de la Guerre dans le cabinet Doumergue (1934). Daladier le nomme ambassadeur en Espagne (1939), d'où il est rappelé en 1940. La suite est connue (voir p. 43-47).

Emmené par les Allemands en août 1944, il gagne la Suisse d'où il revient volontairement en avril 1945 pour être jugé (juillet-août). Sa condamnation à mort est commuée en détention perpétuelle. Il meurt en prison à l'île d'Yeu.

PINAY, Antoine, 1891-1994. Industriel à Saint-Chamond – il fabriquait des chapeaux –, il en est le maire de 1929 à 1977. Député (1936), puis sénateur (1938), il est nommé membre du Conseil national de Vichy, mais résiste suffisamment aux Allemands comme maire de Saint-Chamond pour être élu à la seconde Constituante (1946). Ce parlementaire de droite qui ne faisait pas parler de lui occupe, à partir de 1949, divers postes ministériels dont celui des Travaux publics, sans se faire remarquer sinon par son bon sens et son antipathie pour les technocrates.

Son investiture (1952) et son gouvernement lui donnent une dimension bien différente. Il réussit à incarner le Français moyen, le consommateur (voir p. 65). Aussi conserve-t-il, après sa démission, une audience réelle. De Gaulle le prit en 1958 comme ministre des Finances, poste qu'il conserva sous le ministère Debré jusqu'à ce que ses manifestations d'indépendance l'amènent à quitter le gouvernement (janvier 1960). Cependant, cette indépendance même, jointe au souvenir de la stabilisation des prix réussie en 1952 et à celui du plan de redressement de décembre 1958, lui valent de conserver longtemps dans la vie politique un poids personnel qui conduit périodiquement les gouvernants à rechercher sa caution.

POINCARÉ, Raymond, 1860-1934. Fils d'un ingénieur des Ponts et Chaussées, docteur en droit, jeune et brillant avocat d'affaires – il fut premier secrétaire de la conférence –, R. Poincaré entre à la Chambre comme député de la Meuse en 1887, à la faveur d'une élection partielle. C'est un républicain modéré, d'une stricte laïcité, et il occupe divers postes ministériels : l'Instruction publique et les Cultes (1893 et 1895), les Finances (1894), avant que l'affaire Dreyfus, le ministère Waldeck-Rousseau et la constitution du Bloc des gauches ne le rejettent à droite.

Il poursuit sa carrière d'avocat, retrouve le ministère des Finances en 1906, est élu à l'Académie française en 1909 et, à quelque distance des péripéties de la vie politique, prend une figure nouvelle, capable de rassembler une majorité : juriste impeccable, d'une stricte honnêteté, d'une grande puissance de travail, précis et rigoureux, son patriotisme intransigeant en fait le leader de la majorité conservatrice, mais républicaine, aux approches de la guerre ; président du Conseil en janvier 1912, il entre à l'Élysée un an plus tard.

À la fin de son mandat, qui englobe toute la guerre (voir p. 19), il redevient sénateur et forme à deux reprises le gouvernement : en 1922, avec une politique de stricte exécution des traités (voir p. 24) ; le 23 juillet 1926, dans une perspective d'union nationale (voir p. 26). Son gouvernement comprend Briand, Herriot, Tardieu, Barthou. Malade, il démissionne le 17 juillet 1929 et meurt quelques années plus tard.

POMPIDOU, Georges, 1911-1974. Fils d'instituteur, G. Pompidou passe par l'ENS et l'agrégation de lettres classiques, avant de commencer une carrière de professeur. Au lendemain de la guerre, de 1944 à 1946, il entre au cabinet du général de Gaulle, comme chargé de mission, et passe de là au Conseil d'État, comme maître des requêtes. En 1954, il est placé en position hors-cadre et entre comme directeur à la banque Rothschild. De Gaulle le reprend comme directeur de cabinet en 1958, mais il revient à la banque peu après.

Quand de Gaulle le nomme Premier ministre en 1962, pour remplacer M. Debré, c'est donc un homme nouveau, sans mandat politique d'aucune sorte, et que le grand public ignore totalement (voir p. 76 sq.). Cette nomination accentue le tour présidentiel du régime : le Premier ministre est bien l'homme du Président. Il devient, en 1967 seulement, député du Cantal.

Premier ministre jusqu'au lendemain des élections de 1968, son comportement pendant les événements laisse une impression de robustesse sans raideur. Il sait négocier, rechercher les compromis, comme un radical d'autrefois, et en même temps conserve son calme et son autorité. Son renvoi, alors que le régime lui doit de n'avoir pas sombré dans les événements, semble une ingratitude. En fait, il lui donne du champ, et lui permet de se poser en candidat à la succession du général de Gaulle.

Élu effectivement à sa place en 1969 (voir p. 89), il sera atteint dès 1972 de la maladie qui l'emporte en 1974. Il l'affronte avec courage, mais sans abandonner la moindre de ses prérogatives. D'où une certaine lourdeur dans les décisions. D'où l'impréparation de sa propre succession : sa mort surprend, et les héritiers du gaullisme se divisent, les uns soutenant la candidature de J. Chaban-Delmas, les autres, dont J. Chirac, se ralliant au contraire à celle de V. Giscard d'Estaing.

REYNAUD, Paul, 1878-1966. À la formation classique d'un avocat d'affaires (doctorat en droit), P. Reynaud joignait celle des HEC. Élu député en 1919, battu en 1924, réélu en 1928, il accède aux responsabilités en 1930 comme ministre des Finances de Tardieu, puis la victoire du second Cartel l'en écarte.

Il fait alors figure de non-conformiste. Homme de droite, il se sépare de ses amis sur plusieurs points : il soutient Herriot en 1932 sur le paiement des dettes américaines ; il prend position en faveur de la dévaluation en juin 1934 ; il propose, sous l'inspiration du colonel de Gaulle, la formation d'un corps blindé et mécanisé, servi par des professionnels, c'est-à-dire une armée de métier au sein de l'armée ; en décembre 1935, il est partisan des sanctions envers l'Italie.

Réélu député de justesse en 1936, il entre dans le cabinet Daladier, comme ministre des Travaux publics d'abord, puis des Finances (1er novembre 1938). On trouve à son cabinet M. Debré, A. Sauvy, M. Couve de Murville et d'autres jeunes gens pleins d'avenir. Il brise les 40 heures, casse les syndicats et relance la production (voir p. 39).

Sa mésentente avec Daladier le conduit à le remplacer (voir p. 40). Il fait figure d'homme d'État énergique, capable de mobiliser la nation pour faire vraiment la guerre. En fait, la différence est plus dans le style que dans la résolution : P. Reynaud ne transporte pas en Afrique du Nord le gouvernement et laisse la place à Pétain (voir p. 43).

Emprisonné pendant la guerre, puis déporté de 1942 à 1945, il retrouva un siège de député de 1946 à 1962, fut deux fois ministre (1948 et 1950) et présida la commission des Finances de l'Assemblée de 1951 à 1962, mais ne retrouva jamais de rôle politique majeur. Il combattit l'élection du président de la République au suffrage universel et abandonna la vie politique en 1962.

ROCARD, Michel, 1930-. Au lieu de suivre les traces de son père, physicien réputé, M. Rocard fit une licence de lettres et le diplôme de l'IEP, tout en étant secrétaire national des étudiants socialistes jusqu'à son succès à l'ENA. Nommé à l'inspection des Finances en 1958, une mission en Algérie le confirme dans son hostilité à la politique suivie en ce domaine par la SFIO de G. Mollet, et il adhère au Parti socialiste unifié tout en poursuivant une carrière administrative notamment aux comptes de la nation.

Secrétaire national du PSU en 1967, il est très engagé dans les événements de 1968, et il est candidat aux élections présidentielles de 1969 où son score, bien que modeste (2,8 %), apparaît honorable face aux 3,9 % du candidat socialiste. Cette campagne le fait connaître : face au vieux parti socialiste discrédité, il incarne une alternative où se mêlent rigueur gestionnaire – Mendès France est alors membre du PSU – et socialisme autogestionnaire.

Député des Yvelines de 1969 à 1973, il ne rejoint pas le nouveau parti socialiste lors de sa fondation, en 1971, mais en 1974, quand le gauchisme se désagrège et que s'affirme, au contraire, le dynamisme du nouveau PS. Celui-ci lui tiendra longtemps rigueur de son ralliement tardif ; son style technocratique, son souci de rigueur économique, son ouverture à la société civile trouvent difficilement leur place dans la sociabilité orthodoxe du parti. Élu maire de Conflans-Sainte-Honorine en 1977, il retrouve son siège de député en 1978. L'aveu de sa déception, au soir de cet échec de la gauche, confirme son image d'homme sincère au « parler vrai ». Un instant candidat aux présidentielles de 1981, avant de s'effacer dès l'annonce de la candidature de F. Mitterrand qui n'oublie pas cette incartade, il devient ministre du Plan puis de l'Agriculture. En désaccord avec le rétablissement du scrutin proportionnel, il démissionne du gouvernement en avril 1985.

Nommé Premier ministre en 1988 pour pratiquer une politique d'ouverture, il est renvoyé en 1991 et prend la tête du Parti socialiste après son échec aux législatives de 1993, mais il ne parvient pas à s'y imposer et il la quitte après l'échec des élections européennes de 1994. Élu sénateur en 1995, il renonce à ce mandat pour siéger au Parlement européen où il occupe plusieurs fonctions importantes de 1997 à 2009. Il se retire alors de la vie politique.

SARKOZY, Nicolas, 1955-. Le père de Nicolas Sarkozy est un Hongrois émigré après 1944. Lui-même fit des études de droit et devint avocat comme sa mère en 1981. Il était déjà entré en politique, adhérant à l'UDR en 1974 et devenant responsable des jeunes des Hauts de Seine, poussé par Ch. Pasqua auquel il souffle la mairie de Neuilly, en 1983, à la suite du décès du maire. À 28 ans, il s'assure ainsi une implantation locale inexpugnable.

Ministre du Budget dans le ministère Balladur (1993-1995), il dirige la campagne présidentielle de celui-ci et connaît la disgrâce après la victoire de J. Chirac qui ne lui pardonne pas sa « trahison ». Il devient cependant secrétaire général du parti gaulliste en 1997 et il en conduit la liste aux européennes de 1999. Le résultat ayant été médiocre, il abandonne provisoirement la politique pour le barreau.

En 2002, il soutient la candidature de J. Chirac. À défaut de Matignon, il obtient l'Intérieur, où il mène une politique musclée, puis l'Économie et les Finances (2004). Mis en demeure par

J. Chirac de choisir entre la présidence du parti majoritaire et son ministère, il démissionne du gouvernement pour prendre la tête de l'UMP à la fin de 2004. Mais il revient à l'Intérieur quelques mois plus tard, à la faveur d'un remaniement ministériel. Sa candidature à la présidentielle est alors incontournable. Il l'emporte le 6 mai 2007 avec 53,1 % des voix.

N. Sarkozy suscite la sympathie par un langage franc, direct, bien éloigné de la langue de bois. Il donne un sentiment de sincérité et de résolution qui rend confiance dans l'action politique. Sa communication est parfaitement maîtrisée. L'opinion est sensible à son intense activité et aux objectifs qu'il avance, plus qu'au contenu des réformes qu'il multiplie. Pourtant, ses amitiés affichées avec des milliardaires, son goût de la dépense, la vulgarité de certains propos, un mélange de démagogie et de mépris envers les serviteurs de l'État, militaires, magistrats ou universitaires, des promesses non tenues, jurent avec l'idée que beaucoup se font d'un président de la République. Avec la multiplication de mesures en réponse aux faits divers du quotidien et la centralisation des décisions autour du chef de l'État, le régime change de visage. L'histoire dira si c'est là soubresaut passager ou changement durable.

SCHUMAN, Robert, 1886-1963. Après des études de droit en Allemagne, Robert Schuman s'installa en 1912 comme avocat à Metz, alors ville allemande.

En 1919, il fut élu député de la Moselle, et conserva ensuite son siège sans interruption. Inscrit au parti démocrate populaire, d'inspiration chrétienne, c'est un modéré qui a des idées sociales.

En juillet 1940, il vote les pleins pouvoirs au maréchal Pétain, mais s'oppose bientôt aux Allemands qui l'emprisonnent. Il s'évade et entre dans la Résistance, puis participe à la fondation du MRP auquel il apporte l'expérience d'un ancien parlementaire. De 1945 à 1962, il siège à la Chambre des députés où il inspire un large respect. Profondément religieux – il assiste à la messe tous les matins –, sans autre préoccupation dans la vie que la politique conçue comme le service de grandes idées, ce célibataire austère et modeste, d'une ferme autorité sous des dehors affables, arrive au pouvoir au beau milieu des grèves de 1947. Renversé en juillet 1948, il occupe sans interruption le ministère des Affaires étrangères sous les gouvernements qui lui succèdent jusqu'en 1953.

À ce poste, il se consacre à la construction européenne (voir p. 57) à laquelle il donne une impulsion décisive, mais il laisse prévaloir en Tunisie et au Maroc une politique de fermeté bien éloignée de ses intentions libérales.

TARDIEU, André, 1876-1945. Ce grand bourgeois avait tous les dons : la fortune, l'élégance – son fume-cigarette est célèbre –, la séduction, l'intelligence. Reçu premier à l'ENS et au concours des Affaires étrangères, il s'initie aux affaires comme secrétaire de Waldeck-Rousseau, avant de tenir la chronique de politique étrangère du *Temps*.

Élu député de la Seine en 1914, son expérience de guerre est variée : interprète au quartier général, puis capitaine de chasseurs à pied, il est envoyé aux États-Unis comme commissaire de la République. Enfin, Clemenceau le prend comme collaborateur pour les négociations de paix.

L'échec de Clemenceau, puis sa propre défaite aux élections de 1924, l'écartent de la vie politique. Il revient au Parlement en 1926, grâce à une élection partielle, et Poincaré le prend comme ministre des Travaux publics. Il lui succède comme président du Conseil jusqu'à la fin de 1930, puis il occupe divers postes ministériels jusqu'aux élections de 1932 (voir p. 27). Après un dernier passage au pouvoir comme ministre d'État dans le cabinet Doumergue en 1934, il abandonne la vie politique et se consacre à une analyse impitoyable, mais remarquablement informée, des vices du régime parlementaire (*Le Souverain captif*, 1936 ; *La Profession parlementaire*, 1937).

L'échec de cette forte personnalité s'explique d'abord par les circonstances : il annonçait une politique de prospérité alors que la crise allait s'abattre sur la France. Elle tient aussi à son caractère : trop d'élégance, trop d'assurance, un style trop parisien. La démocratie provinciale n'aime pas être conduite par des hommes qui mènent grande vie. Les radicaux y virent une tendance au pouvoir personnel et le combattirent efficacement. En fait, ses critiques du fonctionnement du parlementarisme sont largement fondées, et c'est aller un peu vite que de taxer de fascisme son plaidoyer pour un renforcement de l'exécutif dans un parlementarisme à l'anglaise.

THOREZ, Maurice, 1900-1964. Né dans une famille de mineurs, M. Thorez fut un excellent élève de l'école primaire et il travaillait dans un bureau quand survint la guerre et, pour lui, l'exode. De retour dans le Pas-de-Calais en 1919, ses qualités de militant et d'orateur le font remarquer et il devient vite un permanent du PCF. Secrétaire fédéral du Pas-de-Calais en 1923, il entre au Bureau politique en 1925 et en devient le secrétaire en 1930. Député en 1932, il consolide son autorité sur le parti en 1934, avec l'exclusion de J. Doriot, et il fait prévaloir la tactique du Front populaire. Après la victoire électorale de 1936, il semble avoir été partisan d'une participation des communistes au gouvernement Blum, mais l'Internationale imposa la thèse contraire. Il soutint loyalement le gouvernement, pesa en faveur de l'évacuation des usines (voir p. 36), mais préconisa l'intervention en Espagne.

À la déclaration de guerre, M. Thorez gagne la Russie, où il reste jusqu'en décembre 1944. À son retour, il fait prévaloir une politique de collaboration loyale au gouvernement. Il est lui-même ministre de novembre 1945 à mai 1947, et il regrettera d'avoir dû abandonner le gouvernement.

Frappé d'une congestion cérébrale en 1950, il va se faire soigner en URSS d'où il revient en 1953. Il continue à diriger le parti jusqu'en 1964, où il fait nommer Waldeck-Rochet secrétaire général, peu avant sa propre mort.

Thorez bénéficiait d'une immense popularité, savamment orchestrée par l'appareil du parti. Mais elle devait aussi à son éloquence simple et directe, à une certaine chaleur, à une générosité. Le « fils du peuple » n'était pas un monsieur, mais un camarade. On l'appelait par son prénom, et le peuple reconnaissait en lui l'un des siens.

Le règne de M. Thorez correspond d'autre part à une période « stalinienne », au cours de laquelle la tutelle de Moscou s'exerçait très étroitement sur le parti français. Sa longévité politique s'explique en grande partie par sa fidélité et sa docilité. Aussi est-il quelque peu désappointé, en 1956, quand le rapport Khrouchtchev dénonce les crimes de Staline et il se garde de diffuser ce rapport au sein du parti français, dont la déstalinisation commence beaucoup plus tard.

Indications statistiques

1. POPULATION DE LA FRANCE AUX RECENSEMENTS DE 1896 À 2007

	Population		Population urbaine %	Âges extrêmes	
Années	Total (millions)	Étrangers (millions)		< 20 ans %	> 65 ans %
1896	38,6	1,1	39,0	34,7	8,4
1911	39,6	1,2	44,1	33,6	8,6
1921	39,2	1,5	46,3	31,3	9,2
1931	41,9	2,7	50,8	30,0	9,6
1936	41,9	2,2	52,0	30,0	10,0
1946	40,3	1,7	53,2	29,5	11,1
1954	43,1	1,8	56,0	30,7	11,5
1962	47,0	2,2	61,6	33,1	11,8
1968	49,9	2,7	66,2	33,8	12,6
1975	52,6	3,4	68,1	32,0	13,3
1982	54,3	3,7	74,4	29,9	13,5
1990	56,6	3,6	74,0	26,5	14,8
1999	58,8	3,3	76,7	25,6	16,0
2003	60,5			25,0	16,3
2007	61,9			24,6	16,5

Chiffres des recensements de la population jusqu'en 1999. Au-delà, *Population et Sociétés*, n° 443, mars 2008.

2. PRINCIPAUX INDICES DÉMOGRAPHIQUES DE 1896 À 2007

Période	Natalité	Mortalité	Taux net de Reproduction	Mortalité infantile	Espérance de vie (ans)	
					Hommes	Femmes
1896-1901	22,2	20,6	98,0	158,0	43,4	48,7
1906-1911	20,2	19,6	95,0	126,0	48,5	52,4
1921-1926	19,7	17,2	95,0	103,5	52,2	55,9
1926-1931	18,2	16,8	92,0	94,1	54,3	59,0
1935-1937	15,3	15,6	87,0	70,7	55,9	61,6
1946-1950	20,9	13,1	132,0	63,4	62,7	68,8
1951-1955	18,9	12,5	125,2	43,3	64,3	70,3
1956-1960	18,2	11,6	127,0	31,7	66,8	73,2
1961-1965	17,9	11,1	134,5	25,6	66,8	73,8
1966-1970	16,9	10,9	123,5	20,4	67,8	75,2
1971-1975	16,0	10,7	106,7	15,4	68,7	76,3
1976-1980	14,1	10,2	88,9	10,7	69,8	77,9
1981-1985	14,8	10,1	88,8	9,1	70,7	78,8
1986-1990	13,9	9,6	87,3	7,7	72,3	80,5
1991-1995	12,7	9,1	81,8	6,3	73,3	81,4
1996-1998	12,5	9,2	84,0	4,7	74,6	82,3
1999	12,7	9,2	86,3	4,3	75,0	82,5
2003	12,6	9,2	91,6	4,0	75,9	82,9
2007	12,7	8,3		3,6	77,6	84,5

Les chiffres sont des moyennes, sauf pour la mortalité infantile à partir de 1961-1965 et pour l'espérance de vie à partir de la Seconde Guerre mondiale, où ce sont ceux de l'année médiane.

3. ÉVOLUTION DES CATÉGORIES SOCIOPROFESSIONNELLES DE 1954 À 2007

	1954		1962		1968		1975		1982		1990		1 999		2007	
ANCIENNE NOMENCLATURE (CSP)																
Agriculteurs	3 966	20,7%	3 045	15,8%	2 464	12,1%	1 651	7,6%	1 448	6,2%						
Ouvriers agricoles	1 161	6,1%	826	4,3%	584	2,9%	375	1,7%	304	1,3%						
Patrons ind. et comm.	2 301	12,0%	2 045	10,6%	1 955	9,6%	1 709	7,8%	1 737	7,4%						
Prof. lib. et cadres sup.	554	2,9%	766	4,0%	995	4,9%	1 459	6,7%	1 810	7,7%						
Cadres moyens	1 113	5,8%	1 501	7,8%	2 006	9,8%	2 765	12,7%	3 254	13,8%						
Employés	2 068	10,8%	2 396	12,4%	2 996	14,7%	3 841	17,6%	4 676	19,9%						
Ouvriers	6 490	33,8%	7 061	36,7%	7 706	37,8%	8 207	37,7%	8 266	35,1%						
Personnel de service	1 018	5,3%	1 047	5,4%	1 166	5,7%	1 243	5,7%	1 531	6,5%						
Divers (armée, police)	514	2,7%	564	2,9%	526	2,6%	524	2,4%	498	2,1%						
TOTAL	19 185	100,0%	19 251	100,0%	20 398	100,0%	21 774	99,9%	23 525	100,0%						
NOUVELLE NOMENCLATURE (PCS)																
Agriculteurs exploitants			3 045	15,9%			1 691	7,8%	1 475	6,3%	999	4,0%	641	2,4%	541	1,9%
Art., comm., chefs entreprise			2 084	10,9%			1 766	8,1%	1 835	7,8%	1 825	7,3%	1 659	6,3%	1 646	5,9%
Cadres, prof. intellectuelles sup.			892	4,7%			1 552	7,1%	1 895	8,1%	2 694	10,8%	3 165	12,0%	4 134	14,9%
Prof. intermédiaires			2 114	11,0%			3 480	16,0%	3 971	16,9%	4 707	18,8%	5 762	21,8%	6 321	22,7%
Employés			3 535	18,4%			5 092	23,4%	6 247	26,6%	6 910	27,6%	7 809	29,5%	8 292	29,8%
Ouvriers			7 488	39,1%			8 118	37,3%	7 750	32,9%	7 614	30,4%	7 061	26,7%	6 534	23,5%
N'ayant jamais travaillé			6	0,0%			72	0,3%	353	1,5%	284	1,1%	350	1,3%	369	1,3%
TOTAL			19 164	100,0%			21 771	100,0%	23 525	100,0%	25 033	100,0%	26 447	100,0%	27 836	100,0%

Effectifs en milliers, chômeurs inclus, chiffres des recensements. Tableau PACT03_2007 pour 2007.

4. POPULATION ACTIVE PAR BRANCHES DE 1896 À 1990 (milliers)

	1896	1913	1929	1938	1949	1954	1963	1968	1968	1975	1982	1990
AGRICULTURE & FORETS	8 350	7 450	6 600	5 900	5 580	5 030	3 650	2 950	3 007	1 992	1 727	1 216
Ind. Agricoles & alimentaires	470	520	550	580	610	610	610	630	655	652	659	667
Charbonnage, gaz	170	240	340	280	310	260	200	150	171	98	59	23
Électricité, eau	10	30	60	70	80	90	100	120	145	164	188	198
Pétrole, carburants			20	30	40	50	70	80	64	69	55	43
Matériaux de construction	260	290	350	250	240	250	260	290	281	298	238	204
Métallurgie	80	120	230	200	260	250	290	240	242	253	256	165
Ind. Mécaniques et électriques	660	870	1 400	1 160	1 450	1 550	2 010	2 050	2 002	2 508	2 272	2 071
Ind. Chimiques	70	110	210	210	280	310	370	420	419	475	539	551
Textile, habillement, cuir	2 790	2 850	2 300	1 800	1 600	1 430	1 200	1 020	983	859	624	465
Ind. Diverses	660	730	850	700	740	750	810	850	871	941	724	702
Bâtiment, travaux publics	830	960	1 120	780	1 020	1 320	1 670	2 000	1 927	1 889	1 763	1 639
INDUSTRIES	6 000	6 720	7 430	6 060	6 630	6 870	7 590	7 850	7 760	8 206	7 377	6 728
Transports, télécommunications	600	750	1 150	1 000	990	910	1 030	1 050	1 161	1 235	1 358	1 419
Commerces	1 000	1 250	1 500	1 650	1 570	1 650	1 950	2 220	2 223	2 393	2 572	2 703
Autres services	1 150	1 400	1 520	1 750	1 780	1 870	2 130	2 530	2 536	3 124	4 071	5 258
Institutions financières	60	110	220	200	200	200	270	330	330	494	577	626
Services domestiques	950	930	780	750	620	590	490	490	494	321	204	217
Administrations*	1 110	1 290	1 100	1 450	1 890	2 130	2 620	2 730	2 487	3 171	3 579	4 066
TERTIAIRE	4 870	5 730	6 270	6 800	7 050	7 350	8 490	9 350	9 231	10 738	12 361	14 290
POPULATION ACTIVE TOTALE	19 220	19 990	20 300	18 760	19 260	19 250	19 730	20 150	19 998	20 936	21 465	22 234

* Y compris les militaires du contingent.

Source : Carré, Dubois et Malinvaud, *La Croissance française*, éd. Du Seuil, 1972, p. 122 jusqu'en 1968. Nous avons prolongé cette série pour la période suivante à partir des recensements de la population. La définition des branches ayant changé, nous donnons nos chiffres pour 1968 en regard des leurs.

5. EMPLOI SALARIÉ PAR BRANCHES DE 1970 À 2007 (milliers)

	1970	1975	1982	1990	1999	2007
Énergie	345	317	317	272	241	230
Ind. des biens intermédiaires	2 100	2 165	1 735	1 689	1 485	1 285
Ind. des biens de consommation	1 176	1 173	1 031	917	720	581
Ind. des biens d'équipement	1 021	1 104	1 027	933	819	771
Ind. agricoles et alimentaires	503	514	554	555	564	557
Ind. automobile	387	439	416	325	279	273
Construction	1 701	1 612	1 438	1 339	1 166	1 452
Total secteur secondaire	7 232	7 323	6 517	6 030	5 274	5 149
Services aux entreprises	1 034	1 190	1 520	2 049	2 790	3 471
Services aux particuliers	932	935	979	1 169	1 138	2 121
Activités immobilières	112	149	200	270	265	293
Activités financières	418	534	647	693	666	743
Transports	780	812	842	891	977	1 098
Commerce	1 890	2 067	2 379	2 558	2 772	3 067
Total secteur tertiaire	5 166	5 686	6 568	7 630	8 609	10 792
TOTAL	12 398	13 009	13 085	13 660	13 883	15 941
Administration					505	493
Éducation, santé, action sociale					1 271	1 569

Source : INSEE, BDM séries 0000609648 à 609660 et 884370 et 884371.

6. STRUCTURE DES EXPLOITATIONS AGRICOLES DE 1892 À 2003 (MILLIERS D'EXPLOITATIONS)

	0 à 1 ha	1 à 5 ha	5 à 10 ha	10 à 20 ha	20 à 50 ha1	50 à 100 ha1	100 ha et plus	TOTAL
1892	2 235	1 829	788	711		139		5 703 000 exploitations
	39,0%	32,0%	14,0%	12,5%		2,5%		100% du nombre d'exploitations
	-	53,0%	23,0%	20,0%		4,0%		100% des exploitations de > 1 ha
	-	12,2%	12,6%	30,9%		44,3%		100% de la surface cultivée de > 1 ha
1929	1 015	1 146	718	593	380	114		3 966 000 exploitations
	25,6%	28,9%	17,1%	15,0%	9,6%	2,9%		100% du nombre d'exploitations
	-	38,8%	24,3%	20,1%	12,9%	3,9%		100% des exploitations de > 1 ha
	-	8,0%	13,0%	21,0%	29,0%	29,0%		100% de la surface cultivée de > 1 ha
1942	222	661	529	553	385	105		2 455 000 exploitations
	9%	27%	22%	23%	16%	4%		100% du nombre d'exploitations
	2%	8%	13%	21%	28%	29%		100% de la surface cultivée
1955	173	649	477	536	377	95		2 307 000 exploitations
	7,5%	2,8%	20,7%	23,2%	16,4%	4,1%		100% du nombre d'exploitations
	0,3%	5,3%	10,8%	23,4%	34,7%	25,5%		100% de la surface cultivée
1963	111	454	364	485	394	108		1 917 000 exploitations
	5,8%	23,7%	19,1%	25,3%	20,5%	5,6%		100% du nombre d'exploitations
	0,2%	3,8%	8,3%	21,7%	36,8%	29,2%		100% de la surface cultivée
1970	127	329	246	360	394	131		1 587 000 exploitations
	8,0%	20,7%	15,5%	22,6%	24,9%	8,3%		100% du nombre d'exploitations
	2,9%		22,2%		38,2%	36,5%		100% de la surface cultivée
1979	120	237	167	243	347	149		1 587 000 exploitations
	9,5%	18,8%	13,2%	19,3%	27,5%	11,7%		100% du nombre d'exploitations
	0,5%	2,9%	4,9%	12,9%	36,6%	42,2%		100% de la surface cultivée
1988	89	189	112	167	288	172		1 017 000 exploitations
	8,8%	18,6%	11,0%	16,4%	28,3%	16,9%		100% du nombre d'exploitations
	0,1%	1,7%	2,8%	8,5%	32,7%	54,2%		100% de la surface cultivée
1988	390			167	288	128	44	1 017 000 exploitations
	38,3%			16,4%	28,3%	12,6%	4,3%	100% du nombre d'exploitations
	4,6%			8,5%	32,7%	nd	nd	100% de la surface cultivée
1997	244			163	71	126	76	680 000 exploitations
	35,9%			24,0%	10,4%	18,5%	11,2%	100% du nombre d'exploitations
	2,9%			12,3%	10,5%	31,3%	43,1%	100% de la surface cultivée
2003	204			129	55	118	84	590 000 exploitations
	34,6%			21,9%	9,3%	20,0%	14,2%	100% du nombre d'exploitations
	2,4%			9,8%	8,3%	30,5%	49,0%	100% de la surface cultivée

Les statistiques de 1892 et 1929 incluent les jardins. Ils sont exclus à partir de 1942. Les statistiques de 1892, 1929 et 1942 incluent les bois et terrains non agricoles qui sont exclus à partir de 1955. Sources : Enquêtes agricoles et *Annuaires statistiques* de l'INSEE.

1. En 1892, la limite de classe est 40 ha.. En 2003, elle est de 35 ha.

7. ÉVOLUTION DES PRINCIPALES PRODUCTIONS AGRICOLES DE 1891 À 2003

		1891 1900	1901 1910	1911 1914	1921 1930	1931 1939	1951 1960	1961 1970	1971 1975	1976 1980	1981 1985	1986 1990	1991 1995	1996 1998	2000 2003
BLÉ	Production	85,1	89,1	85,6	76,4	82,4	94,4	130,4	171,1	195,0	269,5	295,7	315,0	365,2	345,8
	Rendement	12,4	13,6	13,3	14,1	15,8	22,0	31,8	43,0	46,0	55,2	60,0	65,5	71,2	68,7
MAÏS	Production	6,7	6,0	5,3	4,1	5,3	13,4	40,9	89,6	86,8	106,1	122,2	136,7	155,3	112,2
	Rendement	11,9	12,0	11,7	12,0	15,6	24,3	38,7	47,9	50,7	62,0	66,8	77,6	86,4	62,4
ORGE	Production	10,5	9,3	10,5	10,2	11,1	35,4	77,0	99,0	106,0	103,7	100,4	91,3	100,8	100,8
	Rendement	11,8	13,0	13,9	14,3	14,9	21,6	29,6	36,4	38,0	45,4	53,0	57,3	62,3	71,5
VIN	Production	39,9	52,7	52,2	58,5	60,6	54,4	62,2	69,2	67,6	63,5	70,1	54,4	56,8	53,7
	Rendement	22,7	31,6	33,4	38,3	39,4	39,1	49,7	59,1	59,1	64,4	72,3	61,4	65,6	63,2
VIANDE	Bœufs et veaux	730			958	865	1261	1613	1712	1872	1995	1 929	1 947	1 950	1 613
	Porcs	455			325	416	651	1040	1237	1513	1576	1 723	1 981	2 235	2 209
LAIT		80			138	138	185	262	281	300	323	285	246		242

Production en milliers de quintaux (céréales), d'hectolitres (vin et lait) ou de tonnes (viandes). Rendements à l'hectare. Compte tenu des aléas climatiques, les chiffres annuels n'ont guère de sens, c'est pourquoi tous les chiffres de ce tableau sont des moyennes calculées sur l'ensemble des années mentionnées, sauf les exceptions suivantes : pour la viande et le lait, chiffres de 1892 pour 1891-1900 ; de 1929 pour 1921-1930 ; moyenne de 1933-39 (viande) ou de 1937-39 (lait) pour 1931-1939.

8. PRODUCTION INDUSTRIELLE PAR BRANCHES DE 1896 À 1985

	1896	1913	1929	1938	1949	1963	1973	1980	1985
Industries agricoles et alimentaires	55	69	97	100	100	164	224	252	266
Combustibles minéraux solides	55	79	112	100	120	146	79	55	44
Électricité, eau	2,5	10,6	75	100	127	477	939	1333	1772
Pétrole, carburants			20	100	181	731	1964	1675	1157
Matériaux de constr., céramique, verre	73	109	161	100	112	238	479	541	449
Production métallurgique	28	81	151	100	145	304	430	413	328
Transformation des métaux, constr. mécaniques, électriques, automobiles et aéronautiques	31	65	130	100	117	276	512	597	589
Chimie	11	29,3	92	100	134	387	826	1019	1155
Textiles, habillement, cuir	78	99	114	100	90	168	207	179	163
Bois, papier, carton, presse	38	58	85	100	103	207	347	380	411
Bâtiments, travaux publics	96	134	166	100	150	340	468	434	364

Tableau base 100 en 1938 calculé à partir des indices fournis par Carré, Dubois, Malinvaud, *La Croissance française*, éd. du Seuil, 1972, p.629. À partir de 1973, les indices ont été calculés par nous à partir des séries des *Annuaires statistiques* de l'INSEE, avec les pondérations de 1970 pour les réunions de plusieurs branches ; on ne peut donc les considérer que comme des approximations.

9. SÉRIES LONGUES 1913-2008

Notes du tableau

Sources. INSEE, *Annuaires statistiques rétrospectifs* 1966 et 1990, *Annuaires statistiques* successifs, *Banque de données macroéconomiques*. Pour faciliter la lecture, nous avons converti en francs les séries publiées en euro à partir de 2001 ou éventuellement rétropolées par l'INSEE.

Notes. (1) Par souci de comparaison, l'indice des salaires horaires a été rétabli en base 100 en 1970. Les séries utilisées sont l'indice de la métallurgie parisienne de 1920 à 1946 ; de 1946 à 1959 et de 1959 à 1979 les indices base 100 respectivement en 1956 et 1970 publiées dans les *Séries longues macro-économiques* de l'INSEE, puis à partir de 1980 les indices de l'annuaire rétrospectif de la France et, pour la période 1998-2008, les indices base 100 = 2005 de l'INSEE.

(2) Le nombre de chômeurs (en milliers) correspond à la définition du BIT. Il comprend les chômeurs présents dans la population totale, y compris la population hors ménages ordinaires. Effectifs aux 31 décembre de l'année. Changement de définition en 1993. À partir de 1980, il s'agit d'un effectif en moyenne annuelle.

(3) L'indice de la production industrielle présenté est jusqu'en 1963 celui donné par l'INSEE dans l'*Annuaire rétrospectif* 1966, p. 561. Nous l'avons raccordé à cette date avec l'indice base 100 en 1970 et, à partir de 1980, avec l'indice base 100 en 1980, puis à partir de 1990 à l'indice base 100 en 2005.

(4) Milliards de francs courants. Revenu national recalculé par A. Sauvy avant 1940. À partir de 1949, indices en base 1970 = 100, calculés à partir des séries raccordées de PIB à prix constants. À partir de 1990, indice calculé à partir de la série à prix 2000 (INSEE/BDM/001001566) sur les bases de la nouvelle comptabilité nationale européenne NEC 95.

(5) Statistique du commerce extérieur (CAF) différente de la série intégrée dans la comptabilité nationale. Milliards de francs.

Les chiffres antérieurs à 1959 sont rétablis en nouveaux francs. À partir de 1971, série de l'*Historique de la balance commerciale*, consultable sur le portail des statistiques du Commerce extérieur de la France, administration des Douanes, convertie en francs.

(6) Les dépenses de l'État sont celles qui résultent de l'exécution du budget. Elles ont été rétablies en millions de francs courants actuels (avant 1959, il s'agit donc de centaines de millions de l'époque). L'exercice 1929 a compté effectivement 15 mois (jusqu'en mars 1930), et l'exercice 1932, 9 mois seulement. Les excédents ou déficits ont été rapportés au total des dépenses. Les excédents de 1948 et 1949 tiennent à des artifices comptables. Depuis 1997, les chiffres sont ceux des lois de règlement définitif accessibles sur Légifrance.

(7) La série qui représente l'évolution des dépenses de santé est celle des dépenses d'assurance-maladie du régime général des assurances sociales (jusqu'en 1946) puis de la Sécurité sociale, évaluées en millions de francs courants. À partir de 2000, dépenses maladie-maternité, DOM inclus, d'après la Commission des comptes de la Sécurité sociale.

(8) Cette série concerne les dépenses vieillesse du régime général des Assurances sociales puis de la Sécurité sociale, augmentées jusqu'en 1959 du montant des sommes de l'allocation aux vieux travailleurs salariés instituée en 1941 et du Fonds national de solidarité créé en 1956. En 1959, le montant des prestations vieillesse seules était de 2644 millions, à comparer aux 2731 de la série précédente. Depuis 2000, dépenses DOM inclus, d'après la Commission des comptes de la Sécurité sociale.

(9) Ensemble (en milliers) des baccalauréats de l'enseignement général (2e partie), plus baccalauréats de techniciens à partir de 1969 et baccalauréats professionnels à partir de 1987. Jusqu'en 1918 inclus, l'Académie de Strasbourg n'est pas comprise. À partir de 1960, l'Académie d'Alger n'est plus comprise. Depuis 2000, DOM inclus (l'effectif sans les DOM est de 501,9 en 2000).

9. SÉRIES LONGUES 1913-2008 (suite)

Année	Prix détail	Taux inflation %	Salaire horaire (1)	Chômeurs (2)	Prod. Indust. (3)	PIB (4)
1913	0,30				109	0,47
1914	0,30	0,0				
1915	0,36	20,0				
1916	0,40	11,1				
1917	0,48	20,0				
1918	0,63	31,3				
1919	0,77	22,2			62	
1920	1,10	42,9	0,49		67	1,42
1921	0,99	-10,0	0,44		60	1,18
1922	0,93	-6,1	0,44		85	1,35
1923	1,02	9,7	0,47		96	1,61
1924	1,17	14,7	0,52		118	2,13
1925	1,26	7,7	0,56		117	2,32
1926	1,66	31,7	0,68		137	3,18
1927	1,76	6,0	0,74		120	3,26
1928	1,73	-1,7	0,79		121	3,39
1929	1,84	6,4	0,89		133	3,99
1930	1,83	-0,5	0,96		133	3,91
1931	1,80	-1,6	0,95		115	3,69
1932	1,62	-10,0	0,91		98	3,08
1933	1,54	-4,9	0,93		107	2,95
1934	1,45	-5,8	0,93		100	2,72
1935	1,30	-10,3	0,93		96	2,33
1936	1,42	9,2	1,07		103	2,52
1937	1,81	27,5	1,58		109	3,33
1938	2,09	15,5	1,75		100	3,80
1939	2,26	8,1	1,84			
1940	2,70	19,5	1,84			
1941	3,14	16,3	2,01			
1942	3,66	16,6	2,07		61	
1943	4,69	28,1	2,33		54	
1944	5,96	27,1	2,94		38	
1945	8,22	37,9	4,85		50	
1946	13,49	64,1	6,57		84	
1947	21,55	59,7	9,14		99	
1948	34,14	58,4	13,97		113	
1949	35,10	2,8	15,74		122	34,8
			0,00			
1950	39,00	11,1	17,32		128	37,4
1951	45,60	16,9	22,12		143	39,7
1952	51,00	11,8	25,80		145	41,0
1953	50,40	-1,2	26,39		146	42,4
1954	50,20	-0,4	28,17	377,3	159	44,4
1955	50,80	1,2	30,34	317,3	172	46,7
1956	51,80	2,0	32,87	218,3	188	49,1
1957	53,20	2,7	35,50	191,1	204	51,7
1958	61,20	15,0	39,77	290,9	213	53,0
1959	65,00	6,2	42,30	357,5	220	54,3

Année	Prix détail	Taux inflation %	Salaire horaire (1)	Chômeurs (2)	Prod. Indust. (3)	PIB (4)
1960	67,40	3,7	45,10	285,4	242	58,2
1961	69,60	3,3	48,60	244,6	254	61,4
1962	72,90	4,7	52,80	399,0	273	65,5
1963	76,40	4,8	57,50	273,4	279	69,0
1964	79,00	3,4	61,70	305,6	303	73,5
1965	81,00	2,5	65,40	353,8	310	77,0
1966	83,20	2,7	69,30	383,4	326	81,0
1967	85,40	2,6	73,30	560,1	338	84,8
1968	89,30	4,6	82,00	584,6	346	88,4
1969	95,10	6,5	90,80	518,0	373	94,6
1970	100,00	5,2	100,00	630,9	393	100,0
1971	105,50	5,5	110,80	676,3	409	104,8
1972	112,00	6,2	123,20	669,0	424	109,4
1973	120,20	7,3	140,40	673,4	452	115,4
1974	136,70	13,7	167,20	852	460	119,0
1975	152,80	11,8	196,20	1107	432	118,6
1976	167,50	9,6	225,20	1143	460	123,7
1977	183,20	9,4	254,10	1234	464	127,6
1978	199,80	9,1	285,90	1385	468	131,9
1979	221,30	10,8	322,90	1525	483	136,2
1980	251,30	13,6	372,39	1678	483	138,4
1981	285,00	13,4	428,13	1961	478	140,0
1982	318,60	11,8	494,20	2060	473	143,6
1983	349,30	9,6	549,46	2260	473	144,6
1984	375,20	7,4	591,02	2581	478	146,5
1985	397,10	5,8	626,34	2571	478	149,3
1986	407,60	2,6	652,90	2660	483	152,8
1987	420,40	3,1	674,52	2602	493	156,4
1988	431,70	2,7	697,39	2484	517	163,1
1989	447,40	3,6	725,03	2307	536	168,7
1990	462,39	3,4	756,93	2282	546	172,6
1991	477,22	3,2	795,54	2559	542	174,4
1992	488,75	2,4	828,15	2812	534	176,8
1993	498,92	2,1	857,14	2667	512	175,2
1994	507,24	1,7	877,71	2665	534	179,0
1995	516,03	1,7	896,14	2612	546	182,8
1996	526,20	2,0	918,55	2786	545	184,9
1997	532,67	1,2	945,19	2732	565	189,0
1998	536,52	0,7	969,76	2695	585	195,6
1999	539,56	0,6	1 009,05	2508	596	202,1
2000	549,40	1,8	1 054,79	2155	611	210,0
2001	559,18	1,8	1 104,57	2048	621	213,9
2002	570,05	1,9	1 140,90	2167	610	216,1
2003	582,38	2,2	1 170,50	2385	603	218,4
2004	596,04	2,3	1 201,44	2440	615	223,8
2005	607,34	1,9	1 235,08	2484	616	228,1
2006	618,94	1,9	1 268,71	2323	622	233,0
2007	628,90	1,6	1 303,69	2095	631	238,1
2008	648,76	3,2	1 345,40	2197	617	

9. SÉRIES LONGUES 1913-2008 (suite)

Année	Import (5)	Taux de couvert %	Dépenses de l'Etat (6)	Deficit budg. %	Dépenses de santé (7)	P. Retr. RG/SS (8)	Bac. délivrés (9)
1913	0,1	81,7	51	0,5			
1914	0,1	76,1	101	-54,8			7,7
1915	0,1	35,6	209	-80,3			7,7
1916	0,2	30,1	281	-81,3			7,0
1917	0,3	21,8	353	-80,3			7,9
1918	0,2	21,2	419	-81,8			8,2
1919	0,4	33,2	400	-66,8			9,9
				0,0			
1920	0,5	53,9	396	-43,1			10,5
1921	0,2	86,9	328	-28,3			9,9
1922	0,2	88,1	452	-21,7			9,8
1923	0,3	93,9	383	-30,8			10,1
1924	0,4	105,5	425	-16,7			10,5
1925	0,4	103,8	363	-4,1			10,8
1926	0,6	100,1	420	2,6			11,4
1927	0,5	103,5	459	0,4			12,7
1928	0,5	961,4	443	8,8			13,0
1929	0,6	86,1	593	8,3			14,4
				0,0			
1930	0,5	81,6	557	-8,8			15,6
1931	0,4	72,1	534	-10,3			15,0
1932	0,3	66,8	407	-11,3	8	4	15,6
1933	0,3	65,0	549	-20,9	8	4	15,0
1934	0,2	77,3	499	-17,6	9	4	13,1
1935	0,2	73,9	499	-20,9	10	4	11,9
1936	0,3	61,0	558	-30,3	9	4	12,3
1937	0,4	56,5	728	-38,9	10	4	15,4
1938	0,5	66,4	823	-33,6	12	5	20,5
1939	0,4	72,1	1 501	-57,8	13	6	27,0
1940			2 036	-64,6	10	5	27,8
1941			1 208	-33,6	12		
1942			1 333	-26,9	22		
1943			1 605	-22,2	37		
1944			2 586	-49,7	44		34,9
1945	0,6	20,0	4 654	-52,2	61	125	27,3
1946	2,6	38,3	5 212	-16,7	154	21	28,6
1947	4,0	56,2	6 895	-1,3	356	326	28,3
1948	6,7	64,5	9 922	2,9	627	474	30,3
1949	9,3	84,6	12 049	19,6	938	773	31,7
1950	10,7	100,4	23 567	-11,9	1 178	1 037	32,4
1951	16,2	91,9	29 138	-13,7	1 547	1 276	33,5
1952	15,9	89,0	36 564	-21,0	1 957	1 497	34,5
1953	14,6	96,5	38 011	-18,4	2 184	1 564	35,0
1954	15,2	99,2	37 024	-9,4	2 404	1 721	36,7
1955	16,7	103,7	39 451	-12,5	2 691	1 779	41,4
1956	19,8	82,1	46 477	-16,6	3 163	1 835	42,3
1957	22,7	83,3	56 403	-11,6	3 740	1 929	51,2
1958	23,6	91,4	54 904	-4,8	4 265	2 053	50,3
1959	25,1	110,2	59 463	1,1	4 571	2 731	51,5

Année	Import (5)	Taux de couvert %	Dépenses de l'Etat (6)	Deficit budg. %	Dépenses de santé (7)	P. Retr. RG/SS (8)	Bac. délivrés (9)
1960	31,0	109,3	60 034	3,2	5 452	2 801	59,3
1961	33,0	108,1	66 549	1,8	6 882	3 122	61,3
1962	37,1	97,9	76 852	-3,0	8 139	3 698	66,2
1963	43,1	92,6	90 805	-6,3	9 787	4 331	75,5
1964	49,7	89,3	90 641	4,5	11 606	5 179	86,7
1965	51,1	97,2	97 773	3,7	13 156	6 011	96,9
1966	58,5	91,9	106 243	1,9	14 818	6 917	105,8
1967	61,3	91,7	121 819	-4,0	16 644	7 855	133,3
1968	69,0	90,9	133 551	-5,9	17 540	8 882	169,4
1969	90,0	86,1	147 788	1,1	21 334	9 993	137,0
1970	106,2	93,8	162 233	1,9	24 689	11 579	167,3
1971	109,5	105,2	175 548	0,1	28 516	13 290	178,1
1972	126,4	105,6	194 058	2,1	33 027	15 724	184,2
1973	155,8	104,3	220 014	2,4	38 240	18 825	191,2
1974	239,6	93	254 146	7,4	45 211	23 267	198,7
1975	220,4	103,1	320 348	-11,3	57 943	30 028	204,5
1976	293,6	92,9	363 883	-5,9	68 911	37 209	202,1
1977	330,9	96,5	404 175	-5,2	77 476	45 039	208,8
1978	354,9	100,6	466 052	-7,4	92 535	54 318	215,5
1979	440,3	96,9	532 154	-5,5	107 543	63 080	216,2
1980	551,8	88,8	624 487	-5,6	124 713	72 660	222,4
1981	635,2	90,7	757 019	-10,0	146 799	85 044	225,6
1982	725,7	87,1	889 866	-9,9	173 940	101 927	238,6
1983	766,3	94,3	991 144	-13,6	193 647	118 333	248,1
1984	870,7	97,7	1 074 756	-13,7	219 603	131 767	249,5
1985	931,0	97,4	1 157 570	-13,3	231 592	147 014	253,1
1986	863,2	100	1 227 807	-12,3	257 063	160 613	265,0
1987	920,6	96,6	1 242 353	-9,0	263 078	174 025	278,2
1988	1 035,0	94,8	1 177 914	-9,2	280 729	190 021	313,6
1989	1 193,4	94,2	1 224 299	-7,0	309 674		345,8
1990	1 233,7	93,6	1 295 040	-7,3	332 029		383,9
1991	1 259,5	94,9	1 348 872	-8,3	354 081		416,2
1992	1 226,0	99,8	1 440 165	-14,3			436,2
1993	1 112,9	104,9	1 547 680	-18,9	400 913		446,4
1994	1 246,5	103,3	1 581 549	-17,4			459,4
1995	1 348,5	104,4	1 636 867	-18,4			480,7
1996	1 394,7	105,4	1 676 178	-17,6	447 682		463,4
1997	1 538,2	110,1	1 742 713	-15,3			469,1
1998	1 670,6	108,1	1 757 898	-14,1			488,1
1999	1 770,0	105,3	1 788 149	-11,5			489,4
2000	2 171,5	98,7	1 757 156	-10,9	562 698	373 884	516,6
2001	2 178,5	100	1 806 876	-11,6	596 374	389 846	499,2
2002	2 135,6	101,6	1 903 810	-17,0	639 470	406 615	493,8
2003	2 115,4	100,3	1 868 408	-21,0	673 470	421 997	502,7
2004	2 276,4	98,5	1 951 971	-14,7	715 484	444 100	498,4
2005	2 495,2	93,8	2 002 925	-14,2	728 277	479 515	506,6
2006	2 740,7	93,1			764 974	508 331	524,1
2007	2 899,0	90,8			799 715	539 529	524,3
2008	3 056,1	88,1					

Indications bibliographiques

Une bibliographie de l'histoire politique, économique et sociale de la France depuis le début du siècle réunirait aisément cinq ou six cents titres, entre lesquels le lecteur aurait quelque peine à s'orienter. Aussi ai-je préféré choisir, de façon parfois arbitraire, une soixantaine de livres, mais les commenter, pour que le lecteur soucieux d'approfondir tel ou tel sujet trouve rapidement des indications utiles.

Cette liste, volontairement et arbitrairement réduite, m'a conduit à écarter beaucoup d'excellents ouvrages, trop difficiles ou trop particuliers. J'ai exclu par principe tous les ouvrages en langue étrangère, toutes les thèses de doctorat, et, sauf une exception, toutes les biographies. Plus qu'une bibliographie savante, on trouvera donc ici une première orientation de lecture, que les bibliographies des ouvrages cités permettront de compléter. Sauf mention contraire, le lieu d'édition est toujours Paris.

Outils de travail et ouvrages généraux

L'histoire générale la plus récente et la plus accessible est la *Nouvelle histoire de la France contemporaine*, aux éditions du Seuil.

• **Madeleine Rebérioux**, *La République radicale, 1898-1914*, Le Seuil, 1975, 256 p.

• **Jean-Jacques Becker, Serge Berstein**, *Victoire et frustrations 1914-1929*, Le Seuil, 1990, 461 p.

• **Dominique Borne, Henri Dubief**, *La crise des années 30, 1929-1938*, Le Seuil, 1989, 328 p.

• **Jean-Pierre Azéma**, *De Munich à la Libération, 1938-1944*, Le Seuil, 1979, 416 p.

• **Jean-Pierre Rioux**, *La France de la IVe République*, t. 1, *L'ardeur et la nécessité 1944-1952*, Le Seuil, 1980, 320 p. ; t. 2, *L'expansion et l'impuissance 1952-1958*, Le Seuil, 1990, 384 p.

• **Serge Berstein**, *La France de l'expansion (1958-1969)*, t. 1, *La République gaullienne (1958-1969)*, Le Seuil, 1989, 375 p.

• **Serge Berstein, Jean-Pierre Rioux**, *La France de l'expansion*, t. 2. *L'apogée Pompidou 1969-1974*, Le Seuil, 1995, 337 p.

• **Jean-Jacques Becker**, *Crises et alternances 1974-1995*, Le Seuil, 2002, 944 p.

Si l'on cherche des renseignements précis – une date, un texte connu, la composition d'un ministère –, on se reportera d'abord à *L'Année politique*. Dans le domaine économique et social – population, production, prix, etc. –, la série des *Annuaires statistiques*, publiée avant 1940 par la Statistique générale de la France, et depuis par l'INSEE, constitue une source irremplaçable.

Parmi les revues, les grandes revues d'histoire : les *Annales*, la *Revue historique*, publient rarement des articles sur la France au XXe siècle. La *Revue d'histoire moderne et contemporaine*, *Le Mouvement social* et surtout *Vingtième siècle* sont plus riches. Mais on ne négligera pas des revues apparemment étrangères au territoire de l'historien : la *Revue française de science politique*, la *Revue française de sociologie*, les *Actes de la recherche en sciences sociales*, ainsi que les publications périodiques de l'INSEE, et notamment ses *Collections*. Ses *Données sociales*, qui paraissent tous les trois ans (1978, 1981, 1984, 1987, 1990, 1993, 1996, 1999, 2002, 2006) constituent une mine d'aperçus originaux et documentés. Le mensuel *L'Histoire* présente des synthèses accessibles et parfaitement informées. Enfin les portails Internet de l'INSEE, de l'INED, des divers ministères et des Assemblées sont précieux pour les données récentes.

Les dictionnaires, qui se sont multipliés, sont d'utiles instruments de travail. On signalera notamment celui des intellectuels français, par Jacques JULLIARD et Michel WINOCK, aux éditions du Seuil, et aux éditions Robert Laffont, dans la collection « Bouquins », le dictionnaire De Gaulle, dirigé par Claire ANDRIEU, Philippe BRAUD et Guillaume PIKETTY, celui de la Résistance, dirigé par François MARCOT, et celui de la Grande Guerre dirigé par François COCHET et Rémy PORTE.

Enfin, pour ne pas oublier l'aspect géographique de cette histoire :

• *Atlas historique de la France contemporaine, 1800-1965*, dirigé par René Rémond, Armand Colin, 1966, 235 p.

Histoire politique

Sur l'ensemble de la période, deux synthèses dues à de grands historiens :

• **René RÉMOND**, *Le siècle dernier 1918-2002*, Fayard, 2003, 1 201 p. (avec la collaboration de Jean-François SIRINELLI).

• **Maurice AGULHON**, *La République*, t. I, *1880-1932* ; t. II, *1932 à nos jours*, Hachette, coll. « Pluriel », 1992, 2 vol. 468 et 550 p.

Sur les partis et familles politiques en longue période :

• **Jean-Paul BRUNET**, *Histoire du PCF*, PUF, 1982, 128 p. (coll. « Que sais-je ? »), met en place le cadre général. La différence entre le PCF et la SFIO est particulièrement bien éclairée par les positions prises au moment de la scission, dont on trouve de larges extraits dans :

• **Annie KRIEGEL**, *Le Congrès de Tours (1920)*, Julliard, 1964, 268 p.

• **Alain BERGOUNIOUX, Gérard GRUNBERG**, *Le long remords du pouvoir. Le Parti socialiste français 1905-1992*, Fayard, 1992, 554 p. est le travail le plus éclairant sur le parti socialiste

• **René RÉMOND**, *Les Droites en France*, Aubier-Montaigne, 1982, 544 p. est la référence classique.

Par périodes

Troisième République

• **Jean-Marie MAYEUR**, *La Vie politique sous la Troisième République 1870-1940*, Le Seuil, 1984, 449 p.

Sur le Cartel des gauches, un essai critique, intéressant et documenté :

• **Jean-Noël JEANNENEY**, *Leçon d'histoire pour une gauche au pouvoir : la faillite du Cartel (1924-1926)*, Le Seuil, 1977, 156 p.

Sur le 6 février 1934 :

• **Serge BERSTEIN**, *Le 6 février 1934*, Gallimard-Julliard, 1975, 257 p. fournit des textes intéressants.

Le Front populaire a suscité une littérature abondante. Parmi les livres récents :

• **Michel MARGAIRAZ, Danielle TARTAKOWSKY**, *« L'avenir nous appartient », Une histoire du Front populaire*, Larousse, 2006.

• **Georges LEFRANC**, *Histoire du Front populaire, 1934-1938*, Payot, 2e éd. 1974, XV-554 p., reste utile.

Deux petits livres riches de documents écrits pour le premier, photographiques pour le second :

• **Louis BODIN, Jean TOUCHARD**, *Front populaire, 1936*, Armand Colin, 3e éd. 1972, 288 p.

• **Danielle TARTAKOWSKY**, *Le Front populaire. La vie est à nous*, Gallimard, coll. « Découvertes », 1996, 245 p.

Vichy et la Résistance

• **Yves Durand**, *La France dans la Deuxième Guerre mondiale, 1939-1945*, Armand Colin, 1989, 192 p., fournit une bonne synthèse, ainsi que le classique :

• **Robert Paxton**, *La France de Vichy*, Le Seuil, 1973, 380 p.

• **Jean-Pierre Azéma, François Bédarida** (dir.), *La France des années noires*, t. 1 *De la défaite à Vichy* ; 2. *De l'Occupation à la Libération*, Le Seuil, 1993, 542 et 544 p., réunit les meilleurs spécialistes actuels de la période. Le sujet est également bien traité et illustré par :

• **Henry Rousso**, *Les années noires. Vivre sous l'Occupation*, Gallimard, coll. « Découvertes », 1992, 192 p.

• **André Kaspi**, *Les Juifs pendant l'Occupation*, Le Seuil, 1991, 420 p.

On dispose d'une synthèse de référence pour l'histoire de la Résistance extérieure :

• **Jean-Louis Crémieux-Brilhac**, *La France libre. De l'appel du 18 juin à la Libération*, Gallimard, 1996, 969 p.

En revanche, pour la Résistance intérieure qui a fait l'objet de nombreuses recherches, ce qui se rapproche le plus d'une synthèse est un ouvrage parfaitement informé et passionnant :

• **Jean-Pierre Azéma**, *Jean Moulin : le politique, le rebelle, le résistant*, Perrin-Tempus, 2006, 596 p.

Quatrième et Cinquième Républiques

Aux manuels déjà signalés, on peut ajouter :

• **Pascale Goetschel, Bénédicte Toucheboeuf**, *La IVe République. La France de la Libération à 1958*, Le livre de poche, 2004, 574 p.

• **Mathias Bernard**, *La France de mai 1958 à mai 1981 : la grande mutation*, Le Livre de Poche, 2003, 248 p.

Sur les événements de 1968 :

• **Laurent Joffrin**, *Mai 68, histoire des événements*, Le Seuil, 1998, 370 p.

Histoire économique et sociale

Il n'y a pas d'histoire économique facile à lire :

• **Albert Broder**, *Histoire économique de la France au XXe siècle, 1914-1997*, Gap, Éd. Ophrys, 1998, 335 p.

Sur les deux premiers tiers du XXe siècle, l'ouvrage fondamental, assez technique, mais irremplaçable, est celui de trois économistes :

• **Jean-Jacques Carré, Paul Dubois, Edmond Malinvaud**, *La Croissance française. Un essai d'analyse économique causale de l'après-guerre*, Le Seuil, 1972, 710 p.

Pour l'entre-deux-guerres, on trouvera beaucoup plus que de l'histoire économique dans :

• **Alfred Sauvy**, *Histoire économique de la France entre les deux guerres*, Fayard, 4 vol., 1965, 564 p. ; 1967, 627 p. ; 1972, 467 p. et 1975, 298 p. (importante bibliographie dans le tome IV).

L'histoire de la société

• **Yves Lequin** (dir.), *Histoire des Français XIXe-XXe siècles*, t. 1, *Un peuple et son pays* ; t. 2, *La société* ; t. 3, *Les citoyens et la démocratie*, Armand Colin, 1983-1984, 590, 623 et 526 p.

Il y a beaucoup à prendre dans :

• **Christophe Charle**, *La crise des sociétés impériales. Allemagne, France, Grande-Bretagne 1900-1940. Essai d'histoire sociale comparée*, Le Seuil, 2001, 607 p.

• **Henri Mendras**, *La seconde révolution française 1965-1984*, Gallimard, 1994, 456 p.

La condition ouvrière et le mouvement ouvrier

• **Pierre Karila-Cohen, Blaise Wilfert**, *Leçon d'histoire sur le syndicalisme en France*, PUF, 1998, 472 p. est une bonne synthèse, mais n'informe guère sur la vie concrète des ouvriers. On la trouvera en revanche dans :

• **Fernand et Maurice Pelloutier**, *La Vie ouvrière en France*, F. Maspéro, 1975, 344 p. (fac-similé de l'édition de 1900), par le secrétaire de la Fédération des Bourses du Travail, enquêteur à l'Office du Travail.

• **Michel Collinet**, *Essai sur la condition ouvrière : 1900-1950*, Éditions ouvrières, 1951, 207 p.

• **Michel Verret**, *L'Ouvrier français*, t. 1, *L'espace ouvrier*, Armand Colin, 1979, 232 p., t. 2, *Le travail ouvrier*, Armand Colin, 1982, 238 p.

• **Gérard Noiriel**, *Les ouvriers dans la société française XIXe-XXe siècle*, Le Seuil, 1986, 321 p.

La bourgeoisie

• **Marguerite Perrot**, *Le Mode de vie des familles bourgeoises, 1873-1953*, Armand Colin, 1961, VIII-300 p.

Les femmes

• **Christine Bard**, *Les femmes dans la société française au 20e siècle*, Armand Colin, 2001, 285 p.

Le monde rural

• **Jean-Pierre Houssel** (sous la direction de), *Histoire des paysans français du XVIIIe siècle à nos jours*, Roanne, Horwath, 1976, 549 p., contient sur le XXe siècle quelques chapitres, dus à J.-C. Bonnet, où l'on trouvera bien dégagés les caractères essentiels de l'évolution. Inversement, avec une grande richesse documentaire et iconographique, et une grande attention aux aspects sociologiques du sujet :

• **Michel Gervais, Marcel Jollivet, Yves Tavernier**, *La Fin de la France paysanne*, tome 4 de l'« Histoire de la France rurale », Le Seuil, 1977, 672 p. est un ouvrage très complet. Trois monographies me semblent particulièrement instructives :

• **Roger Thabault**, *Mon Village, ses hommes, ses routes, son école, 1848-1914*, Delagrave, 1945, 252 p.

• **Laurence W. Wylie**, *Un Village du Vaucluse*, Gallimard, 1968, 409 p., description aiguë, par un professeur américain, des usages villageois en 1949.

• **André Burguière**, *Bretons de Plozévet*, Flammarion, 1975, 383 p., synthèse d'une vaste enquête pluridisciplinaire.

Autres sujets

La politique étrangère

• **René Girault, Robert Frank**, *Histoire des relations internationales contemporaines*, 3 vol., 1, *Diplomatie européenne et impérialismes 1871-1914* ; 2, *Turbulente Europe et nouveaux mondes : 1914-1941* ; 3, *La loi des géants : 1941-1964*, respectivement 1979, 1988 et 1993 ; 253, 279 et 346 p. a été repris en livre de poche chez Payot-Rivages.

• **Maurice Vaïsse**, *Les relations internationales depuis 1945*, Armand Colin, 11e édition, 2008, 288 p.

• **Gérard Bossuat**, *Faire l'Europe sans défaire la France : 60 ans de politique d'unité européenne*, Bruxelles, Peter Lang, 2005, 630 p.

Les guerres

• **André Ducasse, Jacques Meyer, Gabriel Perreux**, *Vie et mort des Français, 1914-1918*, Hachette, 1959, 512 p., est un beau livre, qui sonne vrai en faisant parler les témoins.

• **Jean-Jacques Becker**, *La Première guerre mondiale*, Belin, 2003, 367 p.

• **Antoine Prost**, *Les anciens combattants 1914-1940*, Gallimard-Julliard, 1977, 247 p.

• **Marc Bloch**, *L'Étrange Défaite*, Gallimard, 1990, 326 p., constitue le témoignage à chaud (septembre 1940) d'un grand historien qui fut tué par les Allemands en 1944. Cette édition contient ses écrits clandestins.

Les problèmes coloniaux

• **Raoul Girardet**, *L'Idée coloniale en France de 1871 à 1962*, La Table Ronde, 1972, XII-337 p.

• **Bernard Droz** et **Évelyne Lever**, *Histoire de la guerre d'Algérie (1954-1962)*, Le Seuil, 1982, 379 p.

Les problèmes scolaires

• **Jacques Ozouf**, *Nous, les maîtres d'école, autobiographies d'instituteurs de la Belle Époque*, Julliard, 1967, 272 p.

• **Antoine Prost**, *L'École et la famille dans une société en mutation*, t. 4 *De l'Histoire générale de l'enseignement et de l'éducation en France*, Perrin-Tempus, 2004, 808 p.

Les problèmes religieux et culturels

• **Gérard Cholvy**, *La Religion en France de la fin du XVIIIe à nos jours*, Hachette, coll. « Carré histoire », 1991, 219 p.

• **Denis Pelletier**, *Les catholiques en France depuis 1815*, La Découverte, 1997, 125 p.

• **Marie-Claude Blanc-Chaléard**, *Histoire de l'immigration*, La Découverte, 2001, 120 p.

• **Pascal Ory, Jean-François Sirinelli**, *Les Intellectuels en France de l'affaire Dreyfus à nos jours*, Armand Colin, 3e éd., 2002, 288 p.

Index des noms propres

Index des textes législatifs et réglementaires

1938	12 novembre	Décret-loi mettant fin aux 40 heures Décret-loi sur le relèvement des allocations familiales	39 39
1939	29 juillet	Décret-loi sur le code de la famille	39, 78
1940	10 juillet 13 août 3 octobre 2 décembre	Loi donnant les pleins pouvoirs au maréchal Pétain Loi portant dissolution des sociétés secrètes Loi sur le statut des Juifs Loi créant la Corporation paysanne	43 47 47 47
1941	29 mars 22 juillet 4 octobre	Loi augmentant les allocations familiales et créant l'allocation de salaire unique Loi dépouillant les Juifs de leurs biens Charte du travail	47, 78 47 47
1943	3 juin	Ordonnance d'Alger créant le Comité Français de la Libération nationale	49
1944	21 avril 15 septembre 28 novembre	Ordonnance sur le rétablissement de la légalité républicaine (comprend le vote des femmes) Ordonnance créant des cours spéciales de justice Ordonnance créant des chambres civiques pour statuer sur le crime d'indignité nationale	49 52 52
1945	22 février 4 octobre 17 octobre 21 octobre 21 décembre	Création des Comités d'entreprise Ordonnance instituant la Sécurité sociale Statut du fermage Référendum et élection d'une Assemblée constituante Création du Commissariat général du Plan	55 55 55 53 55
1946	7 mai 13 octobre	Loi accordant la citoyenneté française aux ressortissants des territoires d'outre-mer, Algérie comprise Approbation de la Constitution par référendum	64 54
1947	Janvier 20 septembre	Adoption du plan Monnet Statut de l'Algérie	56-57 63
1950	9 mai	Plan Schuman	57
1951	18 avril 21 et 28 septembre	Traité instituant la Communauté européenne du charbon et de l'acier Lois Marie et Barangé d'aide aux écoles libres	57 65
1954	21 juillet	Accords de Genève mettant fin à la guerre d'Indochine	66
1956	16 mars 23 juin 30 juin	Loi sur les pouvoirs spéciaux pour l'Algérie Loi-cadre préparant la décolonisation de l'Afrique noire Création du fonds national de solidarité (financé par la vignette automobile créée le 4 août	69 70 81
1957	25 mars	Traité de Rome fondant le marché commun	77
1958	28 septembre 28 décembre	Approbation par référendum de la constitution de la Ve République Mesures économiques Pinay-Rueff. Création du nouveau franc	71 72
1959	6 janvier	Ordonnance prolongeant l'obligation scolaire à 16 ans	81

1993	24 juin 8 juillet	Réforme du code de la nationalité Loi de privatisation	101 109
1997	23 avril	Loi Debré sur le contrôle de l'immigration	101
1999	15 novembre	Loi créant le Pacte civil de solidarité (PACS)	113, 114
2000	6 juin 24 septembre	Loi sur la parité hommes/femmes Adoption du quinquennat par référendum	113 95
2001	1er août	Loi organique sur les lois de finances (LOFL)	98
2004	15 mars	Loi sur le voile	116
2005	29 mai	Refuse par référendum du projet de traité constitutionnel européen	97, 118

Table des matières

IMPRIM'VERT 2009

Composé par Nord Compo Multimédia
7, rue de Fives, 59650 Villeneuve-d'Ascq

11007867 (I) - (3) - OSB 90° - ACT
Imprimé en France par EMD S.A.S. – 53110 Lassay-les-Châteaux
N° d'impression : 21719 – Dépôt légal : Août 2009